시맨틱 AI 아카이브

인공지능총서

인공지능 시대입니다. 기계가 인간의 인지를 대신하고, 사물이 인간을 통하지 않고 다른 사물과 직접 커뮤니케이션합니다. 이에 따른 인간 삶과 문명 변화를 정확히 이해 · 예측 · 대응하는 것은 이 시대 우리 모두의 과제입니다. 인공지능총서는 인공지능 기술과 환경의 여러 주제를 10가지 키워드로 정리합니다. 관련 개념과 이론, 학계와 산업계의 쟁점, 우리 일상의 변화를 다룹니다. 인간과 기술의 현재, 미래를 세심히 분석합니다.

일러두기

- 인명, 작품명, 저서명, 개념어 등은 한글과 함께 괄호 안에 해당 국가의 원어를 병기했습니다.
- 외래어 표기는 현행 어문규정의 외래어표기법을 따랐습니다.

처음이세요?

전문가세요?

시맨틱 AI 아카이브

조명대

대한민국, 서울, 커뮤니케이션북스, 2025

시맨틱 AI 아카이브

지은이 조명대
펴낸이 박영률

초판 1쇄 펴낸날 2025년 3월 27일

커뮤니케이션북스(주)
출판 등록 2007년 8월 17일 제313-2007-000166호
02880 서울시 성북구 성북로 5-11
전화(02) 7474 001, 팩스(02) 736 5047
commbooks@commbooks.com
www.commbooks.com

ISBN 979-11-7307-924-5 03500

책값은 뒤표지에 표시되어 있습니다.

차례

기호학, 시맨틱 기술 그리고 ontoRAG

이 책은 '식별'과 '집중'이라는 두 가지 핵심 키워드를 중심으로 내용을 전개한다. 기호학자들의 이론을 바탕으로, 이러한 개념을 구체화하는 데 중요한 역할을 하는 메타데이터의 실용적 활용 방법과 시맨틱 기술의 적용을 다룬다. 또한 인공지능 기술이 식별과 집중의 과정을 어떻게 지원하고 발전시키는지에 대한 논의도 포함한다. 이 요소들이 결합해 현대 기술 환경에서 식별과 집중이 어떻게 더 정교하게 이루어지는지 통찰을 제공하며, 기호학자들의 생각이 최첨단 AI 아카이브에서 어떻게 꽃피우고 있는지 목격할 수 있을 것이다.

오늘날 우리는 정보의 홍수 속에서 살아가고 있지만, 여전히 많은 아카이브와 데이터베이스가 단순한 저장소 역할에 머무르고 있다. 그 안에 담긴 정보들은 기호학적 의미와 시맨틱 기술을 제대로 활용하지 못하고 있으며, 검색과 활용 면에서도 한계를 보인다. 많은 아카이브 시스템이 의미적 연결성이나 기계적 처리를 고려하지 않고 데이터를 단순히 보관하는 데 집중하고 있기 때문에,

기계 학습, 인공지능(AI), RAG(검색 증강 생성) 기술을 통해 심도 있게 데이터를 활용할 기회를 놓치고 있다. 기록을 넘어, 연결된 정보를 탐색할 수 있게 해 줘야 하며 모든 기록은 연계를 통한 맥락 속에서 빛난다는 사실을 주지할 필요가 있다.

프랭크 업워드(Frank Upward)의 레코드 컨티뉴엄(Record Continuum) 이론은 이러한 문제를 해결할 실마리를 제공한다. 그는 기록이 단순히 특정 시점에 저장되고 보관되는 선형적인 과정에 그치지 않고, 지속적으로 생성, 활용, 재구성될 수 있는 동적이고 연결적인 생애를 가진다고 보았다. 기록은 시간과 공간의 제약을 넘어 다양한 맥락에서 새롭게 해석되고 의미를 부여받을 가능성을 품고 있다는 것이다. 이는 비트겐슈타인이 말하는 지속적인 맥락 창출과 함께 기록의 의미가 지속적으로 변화, 생성된다는 것과 맥을 같이한다.

하지만 오늘날 많은 아카이브 시스템은 여전히 데이터 저장과 보관에 초점을 맞추고 있다. 프랭크 업워드는 정보가 단순히 보관의 대상으로 여겨지는 것을 넘어서, 그 안에 담긴 구조적 의미를 분석하고 이를 다양한 상황에서 연결하는 방식으로 접근해야 한다고 강조했다. 특히 디지털 환경에서는 기계적 처리가 가능하고, 지속적으로 의미를 창출할 수 있는 메타데이터의 구조가 필수적이다.

이 책은 기호학자들의 이론에서 출발해 시맨틱 기술, FAIR 원칙, Machine Actionable Metadata(MAM)의 중요성을 다룬다. 마지막으로, RAG 기술과의 융합을 통해 AI 기반 아카이브 시스템이 어떤 비전을 제시할 수 있는지 탐구한다. 이를 통해 아카이브와 데이터가 단순히 저장된 상태를 넘어서 연결되고 해석되며 더 나아가 혁신적인 활용이 가능한 시스템으로 진화하는 과정을 보여주고자 한다.

결국 정보와 기록은 단순히 저장되는 것을 넘어, 활용 가능한 상태로 관리될 필요가 있다. 기존의 많은 아카이브 시스템이 이러한 관리의 잠재력을 충분히 깨닫지 못하고 있는 현실에서, 시맨틱 기술과 RAG 기술의 결합은 기록의 새로운 활용 가능성을 열어 줄 수 있다. 프랭크 업워드의 이론은 이러한 변화의 기반을 제공하며, 데이터의 지속적이고 동적인 생애를 실현하는 데 중요한 방향을 제시한다.

이 책은 아카이브의 미래를 재구성하기 위한 통합적 접근을 다루며, 이를 통해 지식 추출, 연결, 의미 분석으로 나아가는 AI 기반 시스템의 가능성을 탐구한다. 이를 통해 데이터와 아카이브가 새로운 방식으로 이해되고 활용될 수 있기를 기대한다.

평면적 사고방식을 넘어 입체적 사고방식

우리가 매일 입력하는 키워드를 그냥 의미 없는 'string'으로만 이용할 것이 아니라 다양한 의미를 담고 있을 수 있는 연계 고리로 보아야 한다. 즉, 그냥 'string'이 아니라 하나의 'thing'으로 보자는 것이다. 이 점에서 혹자는 'thingology'라는 표현도 사용한다. 물론 키워드와 키워드 사이에는 다양한 관계가 존재할 수 있다. 이를 파악할 수 있다면, 사용자는 보다 심층적인 정보를 얻을 수 있다. 바로 이런 것도 평면적 사고방식을 넘어 입체적 사고방식으로의 전환을 가능하게 한다. 이 기술의 근간은 온톨로지에 있다. 온톨로지는 특정 도메인의 전문가들이 합의한 지식 구조를 체계적으로 정의한 것이다. 온톨로지는 단순히 데이터를 나열하는 것이 아니라, 데이터를 의미적으로 연결하고 구조화하여 정보로 변환하는 과정을 지원한다. 이는 단순한 AI가 제공하는 결과보다 더 심층적이고 맥락에 맞는 답을 도출하는 데 중점을 둔다.

온톨로지는 데이터 간의 관계를 명확히 하며, 이를 통해 의미 없는 데이터도 정보로 변환될 수 있다. 이러한 정보는 결국 행동을 유발하는 트리거 역할을 한다. 현대의 사이버-물리 시스템(CPS)은 이러한 원리를 활용하여 사이버 공간과 물리 공간의 상호 작용을 가능하게 한다. 예를 들어, 자율주행차는 CPS 기반으로 작동하며, 스마트 팩토리와 농장, 군사 시스템에서는 C4ISR(지휘, 통제, 통신, 컴퓨터, 정보, 감시, 정찰) 체계가 온톨로지를 통해 센서 데이터를 분석하고 행동으로 전환한다.

온톨로지와 엮는 힘

씨줄과 날줄로 데이터를 엮는다고 하면 보통은 평면적인 차원에서의 연결을 떠올린다. 하지만 온톨로지가 가진 엮는 힘은 그 이상이다. 온톨로지는 지식을 단순히 이차원적으로 연결하는 것이 아니라, 개념과 데이터를 다차원적으로 엮어 내는 입체적인 힘을 가진다. 논리적인 접착제(logical glue)를 가지고 있는 것이다. 이는 개념 간의 관계를 맥락 속에서 정의하고, 구조화된 지식 네트워크를 형성함으로써 다양한 관점에서 데이터를 이해하고 활용할 수 있게 한다. 온톨로지가 지닌 이 다차원적 엮는 힘은 단순한 데이터 조직을 넘어, 지식을 입체적으로 재구성하고 새로운 통찰을 발견하게 하는 혁신의 원동력이 된다.

온톨로지의 다차원적 엮는 힘은 복잡한 지식 체계에서 특히 빛을 발한다. 예를 들어, 단순히 '무기 시스템'의 구성 요소를 나열하는 데서 멈추는 것이 아니라, 각 부품의 작동 원리, 상호 작용, 관련 산업과의 연결성까지 하나의 맥락 안에 통합한다. 또한 AI와 결합했을 때, RAG 같은 기술을 통해 데이터를 다차원적으로 학습하고 활용하게 한다. 그냥 키워드를 넣어서 그것과 겉으로만 관계된 것을 찾은 낮은 수준의 검색이 아니라, 인간이 매일 사용하는 자연어로 이용자가 찾고 싶은 것을 자연어로 입력하면 AI가 제일 잘하는 것, 즉 인간의 자연어를 이해해서 그것을 인간 전문가들이 만들어 놓은 온톨로지 기반 지식 그래프에서 답을 찾아 다시 자연어로 질의자에게 답을 돌려준다.

Machine-Actionable Metadata

'Machine-Actionable Metadata'는 이른바 기계가 스스로 행동하고 판단하는 메타데이터다. 그동안 도서관 등에서 기계 가독 메타데이터(Machine Readable Metadata)라는 말을 많이 사용해 왔다. 'Marc'라는 뛰어난 메타데이터로 정보 검색에 큰 도움을 준 것도 사실이다. 그러나 그 태생적인 한계는 어쩔 수 없었다. 기계 가독 메타데이터가 인류 역사에 큰 획을 그은 것은 사실이지만 역부족이다. 이제 이 온톨로지를 구축하는 핵심은 차원이 다른 메타데이터의 활용에 있다. 여기서 메타데이터는 단순히 데이터를 설명하는 데이터를 넘어, 기계가 이해하고 바로 행동(action)으로 이어지게 할 수 있는 데이터를 의미한다.

이러한 메타데이터는 데이터의 가용성, 접근성, 상호운용성, 재사용성을 강조하는 FAIR 원칙을 따르며, 이를 통해 자율주행차나 C4ISR 시스템 같은 고도화된 기술의 기반을 제공한다. 단순히 데이터를 설명하는 수준을 넘어 데이터를 행동으로 연결하는 데 중점을 둔다. 요컨대, 'Data about data'가 아니라 'Data makes a thing Act'라는 관점으로 이해해야 한다. 굳이 영어의 전치사로 구별하면 'aboutness'에 만족한 것이 아니라 data 'ON' things가 되어야 한다. 'about'과 'on'은 현저히 다르다. 즉, 어떤 'thing'에 관한 문서(document)에 관해서(about)가 아니라 어떤 'thing' 위에(on) 바로 의도했던 'action'이 일어나게 해 주자는 것이다.

메타데이터를 효과적으로 활용하면 전통적인 키워드 기반 검색과는 차원이 다른 시맨틱 기반 검색이 가능하다. 시맨틱 검색은 데이터의 의미와 맥락을 분석하여 사용자의 의도를 이해하고, 보다 정교하고 정확한 결과를 제공한다. 기존 검색이 단순한 단어 일치에 의존했다면, 시맨틱 검색은 문맥을 분석하여 사용자가 원하는 바를 정확히 찾아낼 수 있다. 이는 단순한 검색이 아니라 정보의 본질을 이해하는 과정으로 볼 수 있다.

온톨로지와 AI의 시너지

이 책의 핵심은 전통적인 아카이브에서 시맨틱 기술을 효율적으로 활용하는 방안을 제시하는 데 있다. 특히, 전문가들이 설계한 온톨로지 기반의 시맨틱 아카이브와 AI의 자연어 처리 능력을 결합하면 진정한 시맨틱 AI 아카이브를 구축할 수 있다.

이 과정에서 검색증강생성(Retrieval-Augmented Generation, 이하 RAG) 기술이 중요한 역할을 한다. '검색'은 데이터를 찾는 과정, '증강'은 이를 통해 생성된 결과가 강화되거나 보강된다는 뜻을 담고 있어, RAG의 핵심 개념을 잘 전달할 수 있다. '생성'은 새로운 정보를 만들어내는 과정을 의미하므로 RAG가 검색된 정보를 바탕으로 생성한 내용의 특성을 잘 나타낸다.

이는 전문가들이 구축한 온톨로지를 기반으로 검색 기능을 확장하여, 사용자가 자연어로 질문을 던지면 AI

가 이를 분석하고, 전문가들이 만든 아카이브에서 최적의 답을 찾아 자연어로 제공하는 방식이다. 이것은 지금 우리가 AI를 활용해서 질의하고 답을 찾는 것과는 질이 다르다. 가령, 지금 AI에 '우리나라가 파송한 선교사 중에서 케냐에 간 선교사를 파송 기관별로 좀 알려 줄래?'라고 질의하면 물론 답은 나온다. 그러나 이때 일종의 환각 현상이라고 불리는 오답이 나오는 경우가 많다. 지금 이 질문을 챗지피티(chatGPT)와 퍼플렉시티(Perplexity)에 던져 비교해 보면 그 한계가 자명하다.

그러나 만약 이런 질의에 응답할 수 있는 온톨로지 기반 지식 그래프를 RAG 형태로 기존의 LLM에 통합시켜 질의를 하면 그 결과는 분명히 다르다. 두 세계가 잘하는 것끼리의 융합이 이루어지기 때문이다. AI는 이런 종류의 정보 검색에 아무리 뛰어나도 스스로 한계를 드러낸다. 어딘가에 있을 수 있는 오답도 가져와서 제공할 가능성이 있는 것이다. 그러나 미리 준비된 전문가들의 주어+서술어+목적어 형태의 지식 그래프에 있는 힘을 더하면 그 결과는 달라진다. 그렇게 되면 일반 이용자들도 전문가 수준의 탐구와 의사 결정을 할 수 있게 된다.

단순히 웹에서 답을 찾아오는 기존 AI 시스템과는 달리, 온톨로지를 기반으로 전문가의 지식 체계에서 추론된 '최고의 답'을 제공하는 것이 RAG의 핵심이다. 이는 아직 대중화되지 않은 방식으로, 실제 구현 사례가 드물기에 그 잠재력이 제대로 알려지지 않았다.

유럽의 사례와 우리의 도전

유럽의 '유로피아나(Europeana)'는 유럽 각국의 역사와 문화 정보를 집대성한 시맨틱 기반 대규모 시스템이다. 유럽 각국은 표준화된 시맨틱 기술을 활용해 데이터를 통합적으로 입력하며, 이를 통해 유럽 전역의 지식이 논리적으로 연결된 집합적 지식의 총체를 이루고 있다. 이 시스템은 각국의 문화적 다양성과 풍부한 역사적 데이터를 단일 플랫폼에서 효과적으로 활용하도록 설계되었다.

반면, 우리나라는 지자체마다 개별 시스템을 운영하며, 이러한 집합적 사고와는 거리가 멀다. 각 시스템이 독립적으로 운영되다 보니 데이터의 중복, 비표준화, 정보 간 연결 부족으로 인해 국가적 차원의 시너지 효과를 내기 어렵다.

만약 우리도 입체적 사고를 바탕으로 데이터의 집합적 총체를 구축한다면, 유로피아나에 버금가는 지식 기반을 형성할 수 있다. 이를 위해 데이터 입력과 관리의 표준화를 철저히 설정하고, 시맨틱 기술을 적극적으로 도입해야 한다. 예를 들어, 문화재, 역사 자료, 지역 전통 등 다양한 정보를 시맨틱 기술로 체계화하면 단순한 데이터 나열이 아니라 이들 간의 관계를 입체적으로 연결할 수 있어 창의력 향상에 크게 기여할 것이다.

더 나아가, 이러한 데이터 기반에 RAG 기술과 AI를 결합하면, 국민 누구나 스마트폰을 통해 자연어로 간단히 질문하며 필요한 정보를 쉽게 얻을 수 있는 시스템을 구축할 수 있다. 예를 들어, '어, 전북 무안 역사와 관광 정보를 알려 주고 주변 맛집과 잠자리도 추천해 줘'와 같은 요청을 음성으로 입력하면, 시스템이 이를 분석해 무안의 역사와 주요 관광지, 지역 특산물 맛집, 숙소 등을 요약하고 정리해 제공하는 것이다. 물론 전술한 바와 같이 현재의 AI도 답을 제공할 수 있겠지만, 그냥 인터넷 여기저기에서 가져와서 제공하는 것과 분야 전문가의 손길이 닿은 데이터에서 답을 찾아서 제공하는 것은 다르다는 것이다.

이러한 문화 · 역사 · 관광 온톨로지 기반 지식 그래프는 단순한 정보 제공을 넘어, 국민 생활의 편의를 크게 높이고, 지역 경제 활성화와 관광 산업 발전에도 기여할 수 있다. 동시에, 우리 문화와 역사를 글로벌 관객에게

알리는 데도 중요한 역할을 하며, 국가적 경쟁력을 강화하는 데 큰 자산이 될 것이다.

온톨로지와 시맨틱 기술은 데이터, 정보, 행동을 연결하는 DIA(Data-Information-Action) 구조의 핵심이다. 메타데이터를 기계가 이해하고 행동으로 옮길 수 있는 수준으로 활용한다면, 단순 데이터 축적을 넘어 실질적인 지식 활용과 자동화된 의사 결정이 가능한 새로운 시대를 열 수 있다. 이는 개인의 검색 경험뿐만 아니라 국가적 지식 자산의 구축에도 기여할 수 있는 방향이다.

대화형 구조로 탐색하게 하자(S+V+O)

연계 탐색은 사용자가 새로운 정보를 발견할 가능성을 높여 준다. 이를 더욱 극대화하기 위해서는 사용자의 탐색을 통해 새로운 정보를 발견할 수 있는 방법론을 제시할 필요가 있다. 예를 들어, 탐색 과정에서 사용자의 관심사에 따라 새로운 정보를 추천하는 등의 방법을 고려할 수 있다. 현존하는 아카이브 시스템은 디지털 시대의 요구에 부응하기 위해 혁신이 필요한 시점에 와 있다. 시맨틱 기술과 AI의 융합은 이러한 혁신을 이끌 수 있는 핵심 요소다.

시맨틱 기술의 중요성

시맨틱 기술은 데이터에 의미와 맥락을 부여하여 컴퓨터가 정보를 더 깊이 이해하고 처리할 수 있게 한다. 이는 단순한 키워드 매칭을 넘어 데이터 간의 관계를 파악하고 새로운 의미를 창출할 수 있게 해 준다.

AI와의 시너지 효과

AI, 특히 자연어 처리 기술과 시맨틱 기술의 결합은 아카이브 시스템의 성능을 크게 향상시킬 수 있다. 이를 통해 사용자의 의도를 더 정확히 파악하고, 관련성 높은 정보를 제공할 수 있다.

시맨틱 아카이브의 장점

시맨틱 아카이브는 데이터 간의 관계를 통해 시간과 공간을 초월한 새로운 의미를 창출할 수 있는 플랫폼이다. 이는 연구자들이 더 폭넓은 정보를 획득하고 활용할 수 있게 해 준다.

시맨틱 기술과 AI의 융합은 아카이브 시스템을 더욱 지능적이고 효율적으로 만들어, 사용자들이 원하는 정보를 더 쉽고 정확하게 찾을 수 있게 해 줄 것이다. 이는 단순한 정보 저장소를 넘어, 지식을 창출하고 공유하는 플랫폼으로 아카이브의 역할을 확장시킬 것이다.

종합하면, 이 책에서는 논리적 연결과 온톨로지의 집합적 총체성을 핵심으로 인공지능과의 협업을 다룬다. 장별로 요약하면 다음과 같다.

시맨틱 기술과 기호학

시맨틱 기술의 출발점은 기호학에서 비롯된다. 기호학은 언어와 의미의 구조를 다루며, 데이터를 단순히 저장하고 검색하는 단계를 넘어 의미를 기반으로 정보를 조직하는 원리를 탐구한다. 이를 통해 시맨틱 기술이 정보의 맥락을 연결하고 집합적 의미를 형성하는 힘을 이해할 수 있다.

시스템적 사고

시맨틱 기술을 이해하고 설계하기 위해서는 시스템적 사고가 필수적이다. 복잡한 구성 요소 간의 상호 작용을 분석하고 이를 통합적으로 설계하는 접근 방식을 다룬다. 이는 데이터를 개별적으로 다루는 것이 아닌, 온톨로지라는 집합적 총체로 조직화하는 기초가 된다.

시맨틱, 시맨틱 웹 그리고 시맨틱 기술

시맨틱은 데이터나 언어의 의미와 맥락을 이해하는 개념이고, 시맨틱 웹은 이를 웹상에서 기계가 이해할 수 있도록 구조화한 기술 표준이며. 시맨틱 기술은 이를 구현하거나 확장하는 다양한 도구와 방법(NLP, 온톨로지 등)을 포괄한다는 것을 강조한다.

시맨틱 기술의 적용: DIA

온톨로지와 지식 그래프의 개념을 현실에 적용해 본다. DIA(Data-Information-Action) 같은 복잡한 시스템에서 온톨로지가 어떻게 다양한 정보를 엮어 문제를 해결하는지 구체적인 사례를 통해 살펴본다. 온톨로지의 연결성과 집합적 총체성의 실질적 가치를 확인할 수 있다.

FAIR 데이터 원칙

온톨로지를 활용해 데이터를 구조화하면 FAIR 데이터 원칙을 구현할 수 있다. 검색 가능성(Findable), 접근 가능성(Accessible), 상호 운용성(Interoperable), 재사용성(Reusable)을 보장하는 이 원칙은 데이터를 집합적으로 연결해 활용도를 극대화하는 데 초점을 맞춘다.

전통적 검색과 시맨틱 기반 검색+탐색

전통적인 키워드 기반 검색은 개별 데이터를 대상으로 한다면, 시맨틱 기반 검색은 온톨로지와 지식 그래프를 활용해 데이터를 의미적으로 엮어 탐색한다. 이 장에서는 두 방식의 차이를 비교하며, 온톨로지가 제공하는 탐색의 깊이와 폭을 구체적으로 다룬다.

온톨로지 학습과 인공지능

온톨로지를 학습하는 인공지능은 단순히 데이터를 분석하는 데 그치지 않고, 데이터 간의 관계를 학습해 새로운 의미를 생성한다. 온톨로지가 데이터를 엮는 힘을 바탕으로 AI 시스템이 지능적으로 작동하는 방식을 설명한다.

그래프 구조와 AI 질의응답 시스템

온톨로지와 지식 그래프를 기반으로 그래프 구조를 활용해 AI 질의응답 시스템을 구현한다. 이 시스템은 온톨로지의 연결성을 통해 데이터를 탐색하고, 사용자의 질문에 정확하고 맥락적인 답을 제공한다.

CPS와 논리적 접착제로서 시맨틱 기술

사이버-물리 시스템(CPS)에서 온톨로지는 다양한 데이터와 시스템을 연결하는 '논리적 접착제' 역할을 한다. 온톨로지의 집합적 총체성과 연결성을 통해 CPS가 데이터를 통합적으로 활용할 수 있는 기반을 제공한다.

인공지능 시대의 아카이브: ontoRAG

온톨로지와 RAG(Retrieval-Augmented Generation)를 결합해 데이터를 집합적 총체로 구성하고, 이를 기반으로 한 새로운 형태의 아카이브를 설계한다. 이는 AI 시대에 온톨로지가 데이터를 엮는 힘과 시맨틱 기술의 궁극적 목표를 보여 주는 실질적 사례다.

이 책에서는 온톨로지가 단순한 데이터 구조가 아니라 데이터를 집합적 총체로 조직화하고 연결하는 핵심 도구임을 강조한다. 온톨로지의 엮는 힘을 중심으로 논리적 연결을 통해 시맨틱 기술의 가치를 체계적으로 이해할 수 있도록 구성되었다.

참고문헌

딘 알레망·제임스 핸들러·파비엔 갠던. 김학래 역(2021). 『온톨로지 과학자를 위한 지식그래프』. 한빛아카데미.

노명환(2025). 이론과 실무현장의 기록학 및 기록관리와 공공역사의 상호성. ≪기록과 정보·문화 연구≫, 2025년 노명환 교수

정년퇴임 기념 특별호, 19~65.

박선희(2020). 경찰청 미제사건 시멘틱 아카이브 구축 방안과 질적 평가: 관계형 패싯 네비게이션을 통한 의미 입히기를 중심으로. 한국외국어대학교 박사 학위 논문.

조명대(2017). 『링크드 데이터』. 커뮤니케이션북스.

Baker, T., & Rieger, O. Y.(2011). *Linked data for libraries, archives, and museums: How to clean, link, and publish your metadata.* Rowman & Littlefield Publishers.

Lesk, M.(2005). *Understanding digital libraries*(2nd ed.). Morgan Kaufmann.

Upward, F.(1996). Structuring the records continuum part one: Post-custodial principles and properties. *Archives and Manuscripts, 24*(2), 268~285.

Upward, F.(1997). Structuring the records continuum part two: Structuration theory and recordkeeping. *Archives and Manuscripts, 25*(1), 10~35.

01
시맨틱 기술과 기호학

퍼스의 삼원 기호 이론(표상체, 해석체, 대상)은 데이터의 의미적 표현과 추론 논리에 기반을 제공했으며, 소쉬르의 기표와 기의 개념은 데이터의 의미적 연결성을 강화하는 데 영감을 주었다. 또한, 바르트의 신화론은 데이터의 맥락적 해석과 메타데이터의 중요성을 부각해 시맨틱 기술의 확장성을 더했다. 이러한 기호학적 통찰은 시맨틱 웹과 기술이 단순한 데이터 연결에서 벗어나, 맥락과 의미를 기반으로 한 지식 창출 플랫폼으로 발전할 수 있도록 이끌었다.

AI와 1인 창업?

기호학자들의 공헌

기호학자들의 이론은 시맨틱 웹 개발에 다양한 방식으로 적용되었다. 퍼스의 기호 삼원론은 시맨틱 웹의 구조적 설계에 기여했으며, 데이터, 데이터가 지칭하는 대상, 데이터의 의미적 해석을 각각 'Sign', 'Object', 'Interpretant'로 대응시켰다. 소쉬르의 기호 이론에서 기표와 기의의 구분은 시맨틱 웹에서 데이터 표현과 의미의 관계를 모델링하는 데 영향을 주었다. 웹에서 사용하는 URI나 이름을 기표로, 그 이름이 지칭하는 실제 개념을 기의로 볼 수 있다. 바르트의 신화론은 데이터가 맥락에 따라 새로운 의미를 가질 수 있음을 시사하며, 이는 시맨틱 웹의 상황 인식 기능과 의미적 추론에 반영되었다.

기호학의 시맨틱 웹에의 적용

시맨틱 웹에서 기호학의 개념은 시맨틱 웹 개발에 여러 가지 방식으로 적용된다. 의미 표현에서 기호학은 기호와 의미의 관계를 연구하며, 이 개념은 시맨틱 웹에서 데이터의 의미를 표현하는 데 활용된다. RDF는 〈Subject, Predicate, Object〉 형태의 트리플로 개념을 표현하는데, 이는 기호학적 접근과 유사하다. 온톨로지 구축에서 기호학의 의미 체계 이론은 시맨틱 웹의 핵심 요소인 온톨로지 구축에 적용된다. 온톨로지는 개념 간의 관계를 정의하는데, 이는 기호학의 의미 네트워크 개념과 밀접하게 연관된다. 콘텍스트 이해에서 기호학은 의미가 콘텍스트에 따라 변할 수 있다는 점을 강조하며, 이 개념은 시맨틱 웹에서 정보의 맥락을 이해하고 처리하는 데 도움을 준다. 자연어 처리에서 기호학의 언어 이론은 시맨틱 웹의 자연어 처리 기술 개발에 적용되어 컴퓨터가 인간의 언어를 더 잘 이해하고 처리할 수 있게 한다. 의미적 상호 운용성에서 기호학의 의미 해석 이론은 시맨틱 웹의 목표인 의미적 상호 운용성 실현에 기여한다. 이러한 방식으로 기호학의 개념을 적용함으로써, 시맨틱 웹은 더욱 정교하고 효과적인 의미 처리와 지식 표현 시스템으로 발전한다.

시맨틱 기술과 기호학의 관계

기호학(semiotics)과 시맨틱 기술(semantic technologies) 사이에는 의미 있는 연결점이 존재한다. 기호학은 기호와 그 의미, 그리고 기호 간의 관계를 연구하는 학문으로 일상적 언어에서부터 예술, 문화 등 다양한 분야에서 의미를 해석한다. 시맨틱 기술은 데이터나 정보를 더 깊이 이해하고 처리하기 위해 의미론적 관계를 모델링하고 이를 컴퓨터 시스템에 적용하는 기술이다. 시맨틱 웹과는 약간 다른 해석이 필요하다. 시맨틱 기술은 시맨틱 웹을 포함한 더 넓은 개념이다.

기호학과 시맨틱 기술은 모두 '의미'에 대한 탐구에 집중하는 점에서 유사하다. 기호학은 인간이 어떻게 기호를 통해 의미를 생성하고 해석하는지에 초점을 맞추며, 시맨틱 기술은 그러한 의미를 디지털 형식으로 표현하고, 기계가 이를 이해하도록 돕는 기술적 접근을 제시한다.

예를 들어, 온톨로지(Ontology)나 RDF(Resource Description Framework) 같은 시맨틱 웹 기술은 기호학에서 말하는 '기호 간의 관계'를 컴퓨터 시스템 내에서 구체화하려는 노력의 일환으로 볼 수 있다. 기호학의 기호, 기호 체계, 표상 같은 개념들이 시맨틱 웹 기술에서 리소스, 속성, 관계로 구체화되어, 기계가 의미를 추론하고 상호 작용할 수 있도록 하는 데 사용된다.

따라서 기호학에서의 의미와 기호의 관계를 시맨틱 기술이 디지털화하여 정보의 의미를 구조화하고 해석하는 데 도움을 준다고 할 수 있다. 이는 인공지능, 자연어 처리, 데이터 분석 같은 분야에서 더 정확하고 효율적인 의미 처리와 정보 검색을 가능하게 하는 중요한 연결점이다.

온톨로지를 통한 추론 기능 강화

온톨로지는 도메인 지식을 구조화하고 저장하며, 이를 통해 단순한 데이터 관리 수준을 넘어선 기능을 제공한다. 우선, 데이터 간의 관계를 정의함으로써 명시적으로 저장되지 않은 새로운 정보를 유추할 수 있다. 또한, 온톨로지를 활용한 메타데이터는 검색 시 단순 키워드 검색이 아니라 의미적으로 연결된 결과를 제공하는 의미적 검색을 가능하게 한다. 나아가, 온톨로지를 통해 연결된 데이터와 추론 기능을 결합하면 시스템은 정보를 자동으로 처리하고 분석하여 지능적인 의사 결정을 지원할 수 있다. 이러한 기능들은 데이터의 의미를 이해하고 활용할 수 있는 환경을 조성함으로써, 보다 정확하고 실용적인 정보 추론을 가능하게 한다.

기호학과 온톨로지 기반 시맨틱 기술은 의미를 이해하려는 본질적인 목표를 공유한다. 기호학은 인간의 문화적, 사회적 맥락에서 의미의 다층성과 복잡성을 탐구하며, 의미의 유동성과 맥락 의존성을 강조한다. 반면 온톨로지 기반 시맨틱 기술은 기계가 처리할 수 있는 명확하고 구조화된 의미를 정의하고, 이를 통해 자동화된 추론과 처리를 가능하게 한다. 이러한 차이에도 시맨틱 기술은 기호학의 통찰을 활용하여 맥락화된 의미 처리 시스템을 구축할 수 있는 잠재력을 지니고 있다.

결과적으로 온톨로지는 기호학에서 이론적으로 여겨지던 개념들을 디지털 환경에서 실현 가능하게 하며, 정보의 의미를 구조적으로 연결하고 해석하여 보다 높은 수준의 데이터 활용과 추론을 가능하게 한다. 이를 통해 인간의 직관과 해석 능력을 넘어서는 분석력과 의사 결정을 지원할 수 있는 시스템을 만들어 간다.

팀 버너스리와 기호학

팀 버너스리(Tim Berners-Lee)가 시맨틱 웹을 제안한 것은 기호학의 이론들이 실제로 디지털 세계에서 어떻게 적용될 수 있는지에 대한 중요한 예시로 볼 수 있다. 특히 그는 페르디낭 드 소쉬르, 찰스 샌더스 퍼스, 롤랑 바르트, 유리 로트만 등 기호학자들의 이론을 실생활에 반영하려고 한 방식에서 기호학과 시맨틱 기술 사이의 연결점을 잘 구현했다고 볼 수 있다. 그가 시맨틱 웹을 구상할 때 기호학적 원칙을 적용했을 법한 것을 구체적으로 살펴보면 다음과 같다.

기호와 의미의 관계(소쉬르)

소쉬르의 기호학에서 기호는 '기호표지'와 '기호의 내용'

이 결합해 의미를 전달하는 방식으로 이해된다. 이는 시맨틱 기술에서 '리소스(자원)'와 '속성'의 관계에 대응한다. 예를 들어, 웹 페이지 내의 정보는 리소스로 간주되며, 이 정보는 메타데이터나 주석을 통해 설명되고, 이를 통해 사용자는 기호의 내용을 이해한다. 팀 버너스리는 이와 같은 관계를 구조화하여, 컴퓨터가 웹에서 의미를 더 잘 이해하고 처리할 수 있도록 월드와이드웹(World Wide Web)을 제안할 때 이미 온톨로지와 RDF(Resource Description Framework)를 구상했다고 볼 수 있다. 이 방식은 기호학적 관점에서 기호가 의미를 형성하는 구조를 디지털화한 것이라 볼 수 있다.

기호의 유형(퍼스)

퍼스의 기호 유형론(아이콘, 지표, 상징)은 시맨틱 기술에서 정보가 다양한 관계와 형식으로 표현되는 방식에 영향을 미쳤다. 예를 들어, '아이콘'은 시각적 유사성으로 정보가 연결되며, 시맨틱 웹에서 특정 데이터가 시각적으로 표시되는 방식은 아이콘과 유사하다. '지표'는 특정 데이터 간의 관계를 표현하며, 이는 링크나 참조와 같이 웹에서 데이터 간의 상호 작용을 정의하는 방법에 해당한다. '상징'은 규칙이나 정의된 언어 체계에 의해 의미를 생성하며, 시맨틱 웹에서 RDF나 OWL(Ontology Web Language) 같은 언어는 이러한 상징적 기호 시스템에 해당한다. 버너스리는 이와 같은 기호의 세 가지 유형을 기반으로 웹에서 정보의 관계를 정의하고 처리할 수 있는 체계를 만들었다고 볼 수 있다.

문화적 맥락과 의미의 생성(바르트)

바르트는 기호가 문화적 맥락에 따라 다른 의미를 생성한다고 주장했다. 시맨틱 웹에서 정보의 해석은 종종 사용자나 시스템의 맥락에 따라 달라질 수 있다. 예를 들어, 동일한 데이터라도 어떤 사용자에게는 의미가 다를 수 있으며, 이를 시맨틱 웹에서는 다양한 메타데이터나 문맥 정보를 통해 해결하고자 한다. 버너스리는 시맨틱 웹을 통해 웹 정보가 단순히 정적이지 않고, 다양한 문화적, 사회적 맥락을 반영할 수 있도록 하여 바르트의 이론을 반영했다고 볼 수 있다.

기호 체계와 상호 작용(로트만)

로트만은 의미가 기호 체계 내에서 어떻게 상호 작용하고 형성되는지 연구했다. 시맨틱 웹에서 다양한 데이터와 기호가 상호 작용하는 방식은 로트만의 기호학적 이론과 유사하다. 시맨틱 웹은 다양한 데이터를 서로 연결하고 상호 작용할 수 있는 방식으로 정보의 의미를 구성하려 한다. 버너스리의 시맨틱 웹이 온톨로지, RDF, SPARQL 같은 기술을 통해 데이터를 서로 연결하고 상호 작용하도록 만들어짐으로써, 로트만의 기호 체계 이론을 디지털 환경에 적용한 것이라고 볼 수 있다.

결론적으로 팀 버너스리는 기호학자들의 이론을 실생활에 잘 반영했다고 볼 수 있다. 그는 시맨틱 웹을 통해 기호가 의미를 전달하는 방식, 기호 간의 관계 설정, 문화적 맥락을 반영한 정보 해석을 디지털 환경에서 구현하려 했다. 기호학자들의 이론을 바탕으로 정보의 의미를 컴퓨터가 보다 정확하게 이해하고 처리할 수 있도록 시스템을 설계한 것은 시맨틱 웹의 중요한 기여 중 하나다.

참고문헌

롤랑 바르트. 김연경 역(1999). 『기호학적 분석의 의미론』. 문학과지성사.

엄기호(2014). 『기호학의 이해』. 커뮤니케이션북스.

우메노 타카시(2008). 『기호학 입문』. 한길사.

찰스 샌더스 퍼스. 송종수 역(1994). 『기호학적 논리학』. 형설출판사.

페르디낭 드 소쉬르. 김화영 역(2000). 『일반 언어학 강의』. 범우사.

02
시스템적 사고

시맨틱 기술은 기호학과의 유사성에서 출발하여 평면적 사고방식을 넘어 입체적 사고방식으로의 전환을 가능하게 한다. 시스템적 사고는 개별 요소들의 상호 작용과 전체적인 맥락을 고려하는 사고방식이다. 시맨틱 기술을 이해하고 적용하는 데서 시스템적 사고는 중요하다. 이는 복잡한 문제를 다양한 관점에서 바라보고, 여러 분야의 지식을 통합하여 해결책을 찾는 융합적 접근을 가능하게 하는 기술이기 때문이다. 시맨틱 기술이 가진 논리적 접착제는 입체적인 사고를 가능하게 한다.

AI와 MBTI?

시맨틱 기술과 입체적 사고

시맨틱 기술은 기호학과의 유사성에서 출발하여 평면적 사고방식을 넘어 입체적 사고방식으로의 전환을 가능하게 한다. 이를 통해 복잡한 정보와 관계를 다차원적으로 이해하고 처리할 수 있다. 시맨틱 기술은 데이터 간의 연결성과 맥락을 파악하게 하여 보다 깊이 있는 분석과 통찰을 가능하게 한다.

가령 어떤 한 역사학자가 고대 문명을 연구하기 위해 평면적인 유적지 지도를 들고 현장을 조사하러 갔다고 해 보자. 그 지도에는 건물의 위치와 유적이 놓인 지형이 단순히 표시되어 있었고, 표면적으로는 아무런 연관성도 보이지 않았다. 한 곳에는 오래된 신전의 터가 있었고, 다른 곳에는 먼 거리에 묘지가 있었다. 그 사이에는 몇 개의 돌길과 벽 흔적들이 보였지만, 평면적으로만 보면 단순히 흩어진 유물들일 뿐, 아무런 관계도 유추할 수 없었다.

그러나 현장을 여러 방향에서 바라보고, 위에서 아래로, 또 시간적으로도 고민하며 입체적으로 관찰하기 시작하자 새로운 시각이 열렸다. 신전에서 묘지로 이어지는 돌길은 단순한 통로가 아니라, 고대인들이 중요한 의식을 치르던 길임을 발견했다. 길가의 벽 흔적들은 단순한 경계가 아니라, 의식을 방해받지 않도록 보호하기 위해 세운 구조물이었다. 더 나아가 신전과 묘지의 배치가 태양의 이동 경로와 일치한다는 사실을 알게 되면서, 이 모든 요소가 고대인들의 신앙과 우주관을 반영한 정교한 설계라는 점이 드러났다.

이전에는 지도 위에 평면적으로 늘어져 있던 유물들이 그저 제각각 흩어진 흔적으로만 보였으나, 입체적인 시각으로 바라보자 이 모든 요소들이 하나의 이야기를 연결하는 유기적 체계로 보이기 시작하면서 스토리텔링이 시작된다. 단순히 건물과 구조물의 배열로 보였던 것이, 이제는 고대 문명의 종교적 신념과 생활 방식을 보여주는 살아 있는 기록으로 다가왔다.

이를 통해 그는 단순한 물리적 배치 속에서도 시간과 공간을 초월한 깊은 의미와 관계가 존재한다는 사실을 깨달았고, 이러한 시각은 그가 이후 연구를 진행하는 데 새로운 통찰력을 제공했다. 바로 입체적인 시각이고 시스템적인 사고방식이다.

또 다른 예로, 지능형 검색 시스템은 사용자의 검색 의도를 이해하고 관련된 정보를 맥락에 맞게 제공한다. 사용자가 '애플'을 검색할 때, 이 시스템은 과일인지 기업인지를 구분하여 적절한 결과를 보여 준다. 또한, 시맨틱 기술은 서로 다른 시스템과 소스의 데이터를 의미론적으로 연결하여 통합된 정보를 제공하는 데도 활용된다. 이는 의료 정보 시스템에서 환자 데이터를 통합하여 종합적인 진단을 가능하게 하는 데 큰 도움이 된다.

IoT 기기 간 상호 작용에서도 시맨틱 기술이 중요한 역할을 한다. 스마트홈 시스템에서는 다양한 기기들이 상황을 이해하고 협력하여 최적의 환경을 조성할 수 있다. 예를 들어, 사용자가 외출할 때 자동으로 조명을 끄고 보안 시스템을 활성화하는 등의 연계 동작이 가능하다.

또한, 시맨틱 기술은 지식 그래프를 구축하여 복잡한 정보 네트워크를 시각화하고 관계를 직관적으로 파악할 수 있게 한다. 이는 학술 연구에서 연관 분야와 핵심 개념을 탐색하는 데 유용하게 활용된다. 문화재 디지털 아카이브에서도 건축 문화재의 3D 모델링과 관련 정보를 시맨틱 기술로 연결하여 보존 및 복원 작업에 활용할 수 있다. 앞으로 시맨틱 기술은 인공지능과 결합하여 더욱 고도화된 정보 처리와 의사 결정 지원 시스템으로 발전할 것이다. 이는 빅데이터 분석, 자연어 처리, 지식 관리 등 다양한 분야에서 혁신적인 변화를 이끌어 낼 것이다. 시맨틱 기술을 통한 입체적 사고는 단순히 정보를 연결하는 것을 넘어, 복잡한 현실 세계의 문제를 더욱 효과적으로 이해하고 해결할 수 있는 새로운 패러다임을 제시한다.

시스템적 사고와 융합적 접근

시스템적 사고는 개별 요소들의 상호 작용과 전체적인 맥락을 고려하는 사고방식이다.

시맨틱 기술을 이해하고 적용하는 데서 시스템적 사고는 중요하다. 이는 복잡한 문제를 다양한 관점에서 바라보고, 여러 분야의 지식을 통합하여 해결책을 찾는 융합적 접근을 가능하게 한다. 이 기술이 단순히 기술적 유희에 그칠 것인지, 아니면 새로운 가치를 창출하는 도구가 될 것인지는 전적으로 그것을 어떻게 활용하느냐에 달려 있다. 즉, 기술 자체는 중립적이며, 그것을 활용하는 사람이나 조직의 목적, 비전, 창의성에 따라 그 결과가 달라진다.

예를 들어, 시맨틱 기술을 단순히 데이터를 더 잘 저장하고 검색하는 도구로만 활용한다면, 그것은 기존의 데이터베이스 시스템이나 검색 엔진과 다를 바 없는 기술일 수 있다. 이런 방식은 기술 자체의 잠재력을 충분히 발휘하지 못한 채, 그저 기존의 방식들을 조금 더 효율적으로 대체하는 수준에 머물게 한다.

반면, 시맨틱 기술을 지능적인 추론이나 의미적 연결을 통해 새로운 지식을 창출하는 도구로 활용한다면, 그 가능성은 훨씬 더 커진다. 예를 들어, 의료 분야에서 시맨틱 웹을 활용하여 다양한 질병, 치료법, 약물의 관계를 자동으로 분석하고 새로운 치료법을 제안하는 시스템을 만들 수 있다. 이 경우, 단순히 데이터를 저장하거나 검색하는 것을 넘어서, 기술이 새로운 통찰을 제공하고, 의사 결정을 지원하는 혁신적인 도구로 작용한다.

또 다른 예는 지능형 도시(smart city) 프로젝트다. 시맨틱 기술을 활용하면 교통, 에너지, 환경 등 다양한 데이터를 서로 의미적으로 연결하고, 이를 바탕으로 도시의 효율성과 주민들의 삶의 질을 높일 수 있는 자동화된 시스템을 만들 수 있다. 이 경우, 단순히 데이터를 모으는 데 그치지 않고, 실시간으로 의미 있는 데이터를 추출하여 도시 운영을 최적화하는 혁신적인 시스템이 구현된다.

군사적 측면에서 C4ISR(지휘, 통제, 컴퓨터, 통신, 정보, 감시, 정찰) 시스템에 시맨틱 기술을 적용하는 예를 보자. C4ISR 시스템은 군사 작전에서 필수적인 역할을 하며, 다양한 데이터 소스를 실시간으로 처리하고 이를 기반으로 신속한 의사 결정을 지원한다. 시맨틱 기술을 활용하면 C4ISR 시스템의 효율성을 크게 향상시킬 수 있다. 예를 들어, 군사 작전 상황에서 다양한 센서들(위성, 드론, 지상 레이더 등)이 생성하는 방대한 데이터를 시맨틱 기술을 통해 의미적으로 연결하고 해석하는 시스템을 구축할 수 있다.

구체적으로, 전장의 실시간 정보(적의 움직임, 날씨, 지형 변화 등)가 각기 다른 센서와 시스템에서 제공되는 경우, 시맨틱 기술을 이용하여 이들 정보를 의미적으로 연결하고 자동으로 추론할 수 있다. 예를 들어, 드론이 실시간으로 촬영한 영상을 바탕으로 적의 군사 활동을 감지하고, 이를 자율적으로 판단하여 적의 위치를 추정하거나, 날씨 정보를 결합하여 적의 이동 경로를 예측하는 기능을 구현할 수 있다.

시맨틱 기술을 통해 온톨로지를 구축하면, 각기 다른 군사 시스템 간에 정보를 상호 이해할 수 있도록 표준화할 수 있다. 예를 들어, '공격헬기', '지상군', '드론' 등이 서로 다른 시스템에서 각기 다르게 표현되더라도, 시맨틱 기술을 통해 이들 각각을 하나의 통합된 개념으로 해석하고, 이를 기반으로 공격 전략을 실시간으로 조정할 수 있다. 또한 자동화된 의사 결정 시스템은 온톨로지와 추론 기능을 활용하여 전장 상황을 분석하고, 실시간으로 효율적인 대응 전략을 제시할 수 있다.

이와 같은 방식으로 시맨틱 기술을 C4ISR 시스템에 적용하면 복잡한 데이터들을 의미적으로 해석하고 연결하여 빠르고 정확한 의사 결정을 가능하게 한다. 이로 인해 군사 작전에서 전략적 우위를 확보하고, 신속한 대응을 통해 전투 효율성을 크게 향상시킬 수 있다.

따라서 기술의 활용 여부와 방식은 그 기술이 얼마나 창의적이고 혁신적으로 사용되는지에 따라 달라지며, 단순한 도구로 끝날 수도, 사회적 · 산업적 혁신을 이끌어 내는 중요한 자원으로 변할 수도 있다.

결론적으로 시스템적 사고와 융합적 접근은 시맨틱 기술의 잠재력을 최대한 활용하고, 혁신적인 설루션을 개발하는 데 핵심적인 역할을 한다.

참고문헌

김경수(2015). 『시스템적 사고: 문제 해결의 새로운 접근』. 21세기북스.

김영일(2010). 『시스템적 사고와 조직의 학습』. 미래의창.

한국시스템학회(2017). 『시스템적 사고의 이론과 실제』. 한국시스템학회.

Forrester, J. W.(1961). *Industrial dynamics.* MIT Press.

Meadows, D. H.(2008). *Thinking in systems: A primer.* Chelsea Green Publishing.

Senge, P.(1990). *The fifth discipline: The art & practice of the learning organization.* Doubleday.

03
시맨틱, 시맨틱 웹 그리고 시맨틱 기술

시맨틱은 기본적으로 '의미'와 관련된 개념으로, AI와 관련해서는 정보의 의미와 데이터의 의미적 처리, 지식의 표현과 해석과 연관된다. 시맨틱 웹은 이를 웹상에서 인간이 의도한 것을 기계가 이해할 수 있도록 구조화한 기술 표준이며, 시맨틱 기술은 이를 구현하거나 확장하는 다양한 도구와 방법(NLP, 온톨로지 등)을 포괄한다는 것을 강조한다.

AI와 난임 극복?

시맨틱의 정의와 개념

시맨틱은 기본적으로 '의미'와 관련된 개념으로, 기호나 언어가 어떻게 의미를 전달하고 해석되는지를 다룬다. 이 개념은 기호학, 철학, 언어학 등 다양한 학문 분야에서 사용되며, AI와 관련된 문맥에서는 정보의 의미와 데이터의 의미적 처리, 지식의 표현과 해석에 초점이 맞춰진다. 시맨틱은 기계가 데이터를 단순히 처리하는 것을 넘어, 데이터를 의미적으로 이해하고 활용하는 데 필요한 기술적 기반을 제공한다.

이 책의 제목 '시맨틱 AI 아카이브'에서 시맨틱은 AI가 데이터를 단순히 처리하는 것이 아니라 그 의미를 이해하고 해석하는 기술과 관련된 아카이브라는 의미를 내포한다. 즉, 이 책은 AI의 의미론적 처리, 지식 표현, 언어적 해석 등을 다루는 자료들을 보관하고 정리하는 아카이브로, AI가 정보를 이해하고 추론하는 방식을 중점적으로 다룰 것임을 암시한다.

따라서 이 책에서는 시맨틱을 '기계가 의미를 이해하고, 그것을 바탕으로 추론하거나 상호 작용할 수 있도록 하는 기술적 접근'으로 정의할 수 있다. 시맨틱은 '의미 이해와 처리'의 기술적 측면을 다룬다는 점에서, AI가 단순히 데이터를 처리하는 것이 아니라 그 데이터를 의미적으로 해석하고 활용하는 능력을 강조하는 것이다. 이를 통해 독자는 이 책이 AI의 의미적 측면과 관련된 기술, 이론, 응용 분야에 대해 다룬다는 것을 명확히 이해할 수 있을 것이다.

응용

• 의미 있는 데이터 통합: 다양한 데이터 소스를 통합하고 연결하여 데이터의 의미와 관계를 표현한다.

• 개인화된 서비스: 사용자의 관심사와 선호도를 이해하고 맞춤형 정보를 제공할 수 있다.

• 지식의 구조화와 공유: 온톨로지를 사용하여 도메인 지식을 구조화하고 효율적으로 공유할 수 있다.

• 자동화와 지능적 의사 결정: 데이터의 의미와 관계를 이해하고 추론할 수 있는 기능을 제공하여 자동화된 프로세스와 지능적 의사 결정을 지원한다.

시맨틱 AI의 실제 응용

• 동영상 콘텐츠 분석: PEACO VAD 시맨틱 아카이브 서비스는 동영상 내용을 주제, 키워드, 인물 등에 따라 지능적으로 분류하고 검색할 수 있게 한다. 이는 시맨틱 기술이 멀티미디어 콘텐츠에도 적용될 수 있음을 보여

준다.

• 웹 문서 구조화: 시맨틱 HTML을 사용하여 웹 문서의 구조와 의미를 명확히 할 수 있다. 이를 통해 검색 엔진이 문서의 구조를 이해하고 더 정확한 정보를 제공할 수 있다.

• 콘텐츠 관리 시스템: RWS의 트리디온 같은 시스템은 시맨틱 AI를 활용하여 자동 태그 지정, 스마트 검색, 개인화된 콘텐츠 제공 등의 기능을 구현한다.

시맨틱 웹: 데이터와 정보의 의미적 연결

시맨틱 웹은 팀 버너스리(Tim Berners-Lee)가 제안한 개념으로, 웹상의 데이터를 구조화하여 기계가 인간처럼 이해하는 것을 목표로 한다. 이를 통해 데이터 간의 관계를 명확히 하고, 더 나은 정보 검색과 데이터 활용을 가능하게 한다. 기계에게는 규격화된 신호의 교환일뿐이지만 인간은 생각이 많다. 따라서 인간의 복잡한 언어를 기계가 알아듣게 하자는 시도다.

시맨틱 웹의 목표는 웹에 있는 모든 자원에 대한 의미(meaning, semantic)를 기계가 읽고 처리하게 만드는 것이다. 조금 더 구체적으로는 이렇게 기계가 수행할 수 있는 '메타데이터'를 웹에 추가하면서 확장해 나가는 웹이 바로 시맨틱 웹이다. 웹 페이지에 메타데이터를 추가하면, 시맨틱 웹은 기계가 다양한 정보 간의 관계를 더 잘 이해하고 해당 정보를 더 쉽게 처리하고 활용할 수 있도록 한다. 이를 통해 검색 엔진, 온라인 쇼핑, 과학 연구 등 다양한 작업의 효율성과 정확성이 크게 향상될 가능성이 있다.

여기서 기존의 일반적인 메타데이터의 정의는 별 도움이 못 되며, 이른바 'Machine Actionable Metadata'가 필요하다. 시맨틱 웹의 주요 구성 요소는 다음과 같다.

- RDF(Resource Description Framework): 데이터의 구조와 의미를 표현
- OWL(Web Ontology Language): 데이터 간 관계를 정의
- SPARQL: RDF 데이터를 쿼리하는 표준 언어
- 링크드 데이터: 데이터를 웹에서 상호 연결 가능하게 만드는 네 가지 원칙으로 웹에 발행하는 기술

시맨틱 웹은 데이터가 단순히 저장되는 것을 넘어, 데이터 간의 관계를 이해하고 활용하는 스마트한 환경을 제공하며, 웹 3.0의 기반이 되는 기술이다.

결론적으로, 시맨틱 웹 개념은 컴퓨터 과학 분야에서 중요한 연구 및 개발 영역이며, 우리가 웹에서 정보를 활용하고 상호 작용하는 방식을 크게 변화시킬 잠재력을 지니고 있다.

시맨틱 기술

시맨틱 기술은 다양한 분야에서의 데이터 의미 처리를 말한다. 시맨틱 기술은 시맨틱 웹을 포함하여 데이터의 의미를 처리하고 해석하는 기술의 총체다. 이는 특정 환경에 국한되지 않고 다양한 산업 분야에서 사용되며, 데이터를 더 정교하게 처리하고 활용할 수 있게 한다.

주요 기술

- 자연어 처리(NLP): 텍스트 데이터의 의미를 추출
- 온톨로지: 데이터 간의 의미적 관계를 정의
- AI/ML: 데이터를 분석하고 의미를 학습 및 추론
- 정보 추출: 대규모 데이터에서 의미 있는 패턴을 발견

시맨틱 기술은 의료, 금융, 물류 등 다양한 분야에서 데이터를 의미적으로 처리하여 지능적 의사 결정 및 자동화를 지원한다.

시맨틱 웹과 시맨틱 기술의 차이점

• 시맨틱 웹: 웹 환경에 특화된 데이터 구조화 및 의미 해석 시스템

• 시맨틱 기술: 웹을 포함해 다양한 데이터 환경에서 의미를 처리하는 기술

시맨틱 웹은 시맨틱 기술의 일부분이지만, 기술의 적용 범위는 웹을 넘어 여러 산업과 데이터 처리 환경으로 확장된다. 이를 통해 의미 기반 데이터 활용의 가능성을 극대화할 수 있다.

온톨로지의 중요성

인공지능 분야에서 오래전부터 논의되던 온톨로지가 시맨틱 웹 분야에서 새삼 중요한 부분으로 떠오른 이유는 기계들이 낱말의 뜻을 이해할 수 있는 웹으로 설계되는 것이 시맨틱 웹이기 때문이다. 사람이 쉽게 이해할 수 있는 개념이더라도 기계가 이를 이해하기 어려울 수 있다. 따라서 기계가 이해할 수 있도록 매우 구체적으로 개념을 설명하고 관계를 표현하는 것이 필요한데, 이것이 온톨로지 기술에 의해 이루어진다. 온톨로지가 일종의 사전이고 기계가 이 사전의 의미를 파악하는 것이 핵심이

므로 온톨로지는 필연적으로 인공지능 기술에 의지할 수밖에 없다.

참고문헌

김성훈·박종관(2017). 온톨로지 기반의 지식 추론 시스템 연구. ≪한국시스템학회지≫, 36권 4호, 267~275.

김대영·김창엽(2015). 온톨로지를 이용한 빅데이터 분석 시스템 연구. ≪컴퓨터 및 통신≫, 42권 7호, 548~553.

박성철(2018). 지식 그래프와 온톨로지 기반 시스템 개발. 삼성경제연구소.

이민규·김광일(2019). 지식 그래프를 이용한 스마트 서비스 시스템 설계. 한국정보과학회 학술대회논문집, 107~110.

정영숙(2017). 『시맨틱 웹과 온톨로지』. 아카넷.

Berners-Lee, T., Hendler, J., & Lassila, O.(2001). The semantic web. *Scientific American, 284*(5), 34~43.

Gruber, T. R.(1993). A translation approach to portable ontology specifications. *Knowledge Acquisition, 5*(2), 199~220.

Heath, T., & Bizer, C.(2011). *Linked data: New opportunities for the web of data.* Morgan & Claypool Publishers.

Hitzler, P., Krötzsch, M., & Rudolph, S.(2009). *Foundations of semantic web technologies.* CRC Press.

Shadbolt, N., Berners-Lee, T., & Hall, W.(2006). The semantic web revisited. *IEEE Intelligent Systems, 21*(3), 96~101.

04
시맨틱 기술의 꽃: DIA

DIA(Data-Information-Action) 구조는 데이터에서 정보를 추출하고 이를 기반으로 구체적인 행동을 도출하는 과정으로, 인간의 사고 형성과 비슷하다. 인간의 뇌가 단백질 덩어리임에도 감각 기관을 통해 데이터를 받아들여 이를 해석하고 맥락화하여 정보를 만들어 내며 최종적으로 판단과 행동으로 이어지는 것처럼, 시맨틱 기술은 데이터를 의미적으로 해석하고 정보를 연결함으로써 자동화된 의사 결정을 지원하는 핵심 역할을 한다.

AI와 사주?

시맨틱 기술을 통한 데이터의 의미적 변환

시맨틱 기술은 저수준의 원시 데이터를 의미 있는 정보로 변환하는 데 중요한 역할을 한다. 예를 들어, 센서에서 수집된 원시 데이터(온도, 압력, 위치 등)는 단독으로는 의미가 부족하지만, 시맨틱 기술을 사용하여 온톨로지를 통해 이 데이터를 의미적으로 해석하고 관련된 정보를 추출할 수 있다. 이를 통해 데이터의 맥락과 연관성을 파악하고, 정보의 질을 향상시킬 수 있다.

저수준의 원시 데이터를 엮어 고수준의 정보를 만드는 과정은 개별 데이터의 의미를 통합해 더 큰 맥락과 실행 가능한 통찰을 도출하는 작업이다. 온톨로지와 같은 지식 구조를 활용해 이를 구현할 수 있다.

저수준 데이터의 수집

가시거리, 강수량, 기압, 풍향, 풍속, 습도 같은 기상 요소와 위도, 경도, 고도 등의 위치 정보는 센서와 관측 장치를 통해 수집된다. 이 데이터는 개별적으로 유용하지만, 단독으로는 환경의 복합적인 상황을 이해하기에 충분하지 않다.

데이터의 통합과 구조화

수집된 데이터는 온톨로지 기반의 지식 모델로 구조화된다. 예를 들어, 특정 시간과 위치에서 관측된 기압 변화와 강수량 데이터를 결합하면, 해당 지역에서 일어날 가능성이 높은 기상 이벤트를 추론할 수 있다. 데이터 간의 관계를 정의하고 의미를 부여하는 과정이 여기에 포함된다.

패턴 분석 및 정보 추론

데이터 간의 상관관계를 분석해 고수준의 정보를 도출한다. 예를 들어 강수량 증가, 습도 상승, 기압 하락이 동시에 관측되면 폭우 가능성이 높아진다. 가시거리 급감과 풍속 증가가 함께 나타나면 강풍이나 폭풍이 예고될 수 있다. 특정 지역의 기상 이상 현상은 국지적 기상 이벤트를 의미할 수 있다.

고수준 정보로의 전환

이 과정을 통해 폭우 가능성 같은 고수준 정보가 생성된다. 이는 단순한 데이터 나열이 아니라, 의사 결정자에게 직접적으로 유용한 실행 가능한 정보로 변환된다. 예를 들어, '서울 강남구에서 오전 3시부터 5시 사이에 폭우 가능성이 90%'와 같은 구체적이고 실용적인 정보로 나타난다.

실시간 모니터링과 예측

추출된 정보는 실시간으로 업데이트되며, 예측 모델과 결합해 앞으로 일어날 이벤트를 알려 준다. 바람의 방향과 속도를 분석하면 폭풍이 특정 지역으로 이동 중임을 경고할 수 있다.

결과의 공유와 활용

생성된 고수준 정보는 LOD(Linked Open Data) 클라우드나 온톨로지 기반 플랫폼에 공유된다. 이를 통해 다른 시스템이나 연구자들이 쉽게 접근해 데이터를 활용하거나 협력할 수 있는 환경이 조성된다.

이 과정은 단순히 데이터를 수집하는 데 그치지 않고, 데이터를 엮어 더 큰 가치를 만들어 내는 작업이다. 이를 통해 재난 관리, 교통 통제, 환경 보호 등 다양한 분야에서 실행 가능한 통찰을 제공할 수 있다.

온톨로지의 엮는 힘은 다음과 같은 질의에 답할 수 있게 한다. '2003년 4월 1일 오전 1시부터 3시 사이에 빙점을 감지한 모든 센서를 찾아라.' 이질적인 저수준 센서 데이터 스트림을 통합하고 폭풍우, 폭우와 같은 실제 세계의 이벤트를 추론한다.

정보 기반의 행동 도출과 자동화된 의사 결정

정보가 높은 수준으로 변환되면, 이를 바탕으로 구체적인 행동을 도출할 수 있다. 시맨틱 기술은 정보를 연결하고 추론하여 상황에 맞는 적절한 행동을 자동으로 결정할 수 있도록 지원한다. 예를 들어, C4ISR 시스템에서 시맨틱 기술은 실시간 정보 분석을 통해 적의 위치와 상태를 추론하고, 이를 기반으로 자동화된 대응 전략을 제시한다. 이 과정에서 시맨틱 기술은 의사 결정을 빠르고 정확하게 지원하는 중요한 도구로 작용한다.

시맨틱 기술은 원시 데이터를 의미적으로 변환하여 정보로 바꾸고, 이를 바탕으로 행동을 도출하는 과정에서 중요한 역할을 한다. 이 과정은 마치 인간이 단백질 덩어리로 구성되어 있지만, 지적 활동을 통해 복잡한 결정을 내리는 방식과 유사하다. 프랑스 철학자 메를로퐁티의 몸철학을 통해, 시맨틱 기술이 어떻게 무의미한 데이터에서 의미를 창출하고 지적 활동을 가능하게 만드는지 설명할 수 있다.

원시 데이터에서 정보로의 변환과 시맨틱 기술의 역

할 시맨틱 기술은 원시 데이터를 구조화된 정보로 변환하는 과정에서 중요한 역할을 한다. 예를 들어, 자율주행차에서는 센서 데이터를 통해 도로의 상태, 장애물의 위치, 다른 차량의 속도 등을 수집하지만, 이러한 데이터는 단독으로는 의미가 없다. 시맨틱 기술은 이 데이터를 의미적으로 해석하여, 도로에서의 위험 요소를 인식하고, 이를 정보로 변환한다. 예를 들어, '이 차는 위험하게 다가오고 있다'는 정보를 추출하여, 자율주행차가 이를 인지하고 반응할 수 있도록 만든다. 시맨틱 기술이 없으면 데이터는 그냥 값으로 남아 의미를 잃고, 이를 활용하기 위한 의사 결정을 내릴 수 없다.

데이터를 정보로 변환한 후, 이 정보를 바탕으로 구체적인 행동을 도출하는 과정은 의사 결정과 관련이 있다. 시맨틱 기술은 이 과정에서 중요한 역할을 한다. 예를 들어 C4ISR 시스템에서 다양한 센서 데이터를 통해 적의 위치와 전략을 추론하고, 이를 바탕으로 자동화된 군사적 대응 전략을 제시할 수 있다. 이러한 의사 결정 과정은 마치 인간의 뇌가 몸(원시 데이터)을 통해 정보를 받아들여 그것을 바탕으로 행동을 결정하는 방식과 유사하다.

이와 비슷한 방식으로, 메를로퐁티의 몸철학에서는

인간이 단백질 덩어리로 시작하지만, 몸을 통해 세상과 상호 작용하고, 그 상호 작용을 통해 지적 활동을 펼친다고 본다. 몸은 단지 물리적인 존재가 아니라 지각적, 인식적, 행동적 차원에서 세상을 이해하는 중요한 매개체라는 주장이다. 이 개념은 시맨틱 기술이 데이터와 정보를 어떻게 변환하고 의미를 추론하는지에 대한 비유로 활용될 수 있다. 인간이 몸을 통해 정보를 수집하고, 이를 바탕으로 행동을 결정하는 과정은 시맨틱 기술을 통해 이루어지는 데이터에서 정보, 정보에서 행동으로의 전환 과정과 흡사하다. 즉, 시맨틱 기술이 데이터를 의미 있는 정보로 변환하고, 이를 바탕으로 행동을 유도하는 과정은 인간이 몸을 통해 세상과 상호 작용하고, 그 상호 작용을 바탕으로 의사 결정을 내리는 과정에 비유할 수 있다.

의미 없었던 센서 데이터의 활용을 다시 보면, 센서 데이터의 끊임없는 통합(Distributed File System)을 통해서 바로 그 윗단에서는 추론 과정을 거쳐 의미 없는 데이터에서 의미를 찾아 정보로 변하는 과정을 거친다. 그다음에는 바로 실행 가능한 정보/지능형 허브 및 경보 시스템을 갖춘다. 가령, 긴급작전센터나 경찰청 등에서는 탐색 분석되고 시각화된 경보를 바탕으로 컴퓨터 지원

출동 시스템을 갖추게 된다.

애플리케이션이나 텍스트나 휴대전화 등을 통해서 용의자가 교신을 한다면 이렇게 미리 학습된 알고리즘을 통해서 범인이나 용의자가 출현했을 때 바로 출동하는 시스템을 갖게 된다. 이때 온톨로지 알고리즘의 역할이 크다. 간단한 통계 위주 및 검색 수준에서 바로 현장에서 지능형으로 적용할 수 있는 설루션 수준이 되어야 한다는 것이다. 간헐적인 사람의 개입 및 의사 결정을 요구하면서 끊임없는 통합(integration)이 가능하고 기계학습 및 온톨로지의 도움으로 인간의 요구에 사후 반응하는 시스템(Reactive System)에서 기계가 미리 예방해 주는 시스템(Proactive system)으로의 진화가 가능하다.

참고문헌

김영환(2020). 시맨틱 웹과 지식 그래프를 이용한 데이터-정보-행동 기반 자동화 시스템. ≪정보과학회지≫, 47권 3호, 289~297.

이승재·박종환(2020). 데이터-정보-행동 모델을 통한 스마트 시스템의 자동화된 의사결정 지원. 한국정보과학회 학술대회 논문집, 35~40.

정윤철(2017). 자동화된 의사결정 시스템의 구현: DIA 모델을 활용한 접근. ≪한국시스템학회지≫, 38권 2호, 117~125.

최홍배(2019). 『시스템적 사고와 자동화 의사결정』. 한빛미디어.

Davenport, T. H., & Harris, J. G.(2007). *Competing on analytics:*

The new science of winning. Harvard Business Press.

Gartner, Inc.(2019). *The DIA model and its impact on decision automation in business.* Gartner Report.

Merleau-Ponty, M.(2012). *Phenomenology of perception*(First published in 1945). Routledge.

Shneiderman, B.(2016). *Designing the user interface: Strategies for effective human-computer interaction.* Addison-Wesley.

Wang, X., & Zhang, W.(2015). Data-to-action: Semantic integration in decision-making systems. *IEEE Transactions on Knowledge and Data Engineering, 27*(6), 1584~1597.

05
FAIR 데이터 원칙

시맨틱 기술에서는 질적으로 서로 다른 데이터를 다루기 때문에 데이터의 가용성, 접근성, 상호 운용성, 재사용성을 높이는 것이 중요하다. FAIR 데이터 원칙은 시맨틱 기술이 데이터의 품질과 활용도를 향상시키는 데 핵심적인 역할을 한다. 특히, 시맨틱 기술은 데이터를 의미적으로 구조화하고 상호 운용성을 촉진하여 다양한 시스템에서 데이터를 찾기 쉽고, 접근 가능하며, 재사용 가능하도록 만든다.

AI와 아이돌?

FAIR 원칙이란 무엇인가?

FAIR 원칙은 데이터를 발견 가능(Findable), 접근 가능(Accessible), 상호 운용 가능(Interoperable), 재사용 가능(Reusable)하게 만드는 것의 중요성을 강조한다. 이를 달성하기 위한 핵심 방법 중 하나는 데이터를 기계 실행 가능(machine-actionable)하게 만드는 것이다. 이는 데이터가 수동적인 개입이나 해석 없이 컴퓨터에 의해 읽히고 처리될 수 있음을 의미한다.

기계 실행 가능 데이터란, 데이터가 자동화된 처리를 가능하게 하는 방식으로 구조화되어 있다는 것을 뜻한다. 예를 들어, 애플리케이션 프로그래밍 인터페이스(API)나 기계 가독 메타데이터(machine-readable metadata)를 사용하는 방식이 포함된다. 기계 실행 가능 데이터는 소프트웨어 도구와 플랫폼이 쉽게 해석할 수 있도록 표준화된 데이터 모델이나 형식을 활용해 조직될 수 있다.

데이터를 기계 실행 가능하게 하면, 다른 데이터 소스와의 통합뿐만 아니라 데이터의 검색과 접근이 더 쉬워진다. 이를 통해 데이터 처리 및 분석의 효율성과 효과성이 높아지고, 새로운 통찰과 발견으로 이어질 가능성이 커진다. 또한 기계 실행 가능 데이터는 구조화되고 표준화된 방식으로 관리되기 때문에, 데이터의 감사와 검증이 쉬워져 투명성과 책임성을 강화한다.

결론적으로, FAIR의 맥락에서 기계 실행 가능성은 데이터를 발견 가능하고, 접근 가능하며, 상호 운용 가능하고, 재사용 가능하게 만드는 목표를 달성하는 데 중요한 요소다. 이는 데이터 관리와 공유의 효율성, 투명성, 책임성을 높이고, 다양한 분야에서 새로운 발견과 통찰을 가능하게 한다. 나중에 언급될 RAG 기술이 효율적 정보 검색과 의미적 생성을 위해 외부 데이터를 필요로 한다면, 이 데이터들이 FAIR 원칙을 충족하는 방식으로 제공되어야 한다는 점을 강조할 수 있다.

- 발견 가능(Findable): 데이터가 검색될 수 있도록 적절한 메타데이터와 인덱싱이 필요하다.
- 접근 가능(Accessible): 데이터에 접근할 수 있어야 하며, 적절한 API나 다른 방법을 통해 손쉽게 사용할 수 있어야 한다.
- 상호 운용 가능(Interoperable): 데이터는 다른 시스템과 호환될 수 있어야 하므로, 표준화된 형식과 인터페이스가 필요하다.
- 재사용 가능(Reusable): 데이터가 여러 상황에서 재

사용될 수 있도록 충분히 설명된 메타데이터와 정보가 필요하다.

시맨틱 기술은 데이터의 의미를 명확히 정의하고, 이를 바탕으로 데이터 간의 관계를 시각화하며, 데이터 검색과 이용을 쉽게 만든다.

결론적으로, FAIR 원칙과 기계 실행 가능 메타데이터는 나중에 언급할 RAG 기술을 성공적으로 구현하기 위한 핵심 요소다. 이 원칙들을 따르고 활용함으로써 RAG는 의미적 정보 생성에서 높은 정확도를 유지하고, 다양한 데이터 소스를 효율적으로 활용할 수 있게 된다. 이와 같은 기술적 기반이 마련될 때, RAG는 기호학적 의미를 더욱 풍부하게 생성할 수 있으며, AI 시스템의 성능을 극대화할 수 있다.

시맨틱 기술을 통한 데이터의 효율적인 활용

시맨틱 기술은 메타데이터와 온톨로지를 사용하여 데이터의 의미를 구조적으로 정리한다. 이 과정에서 검색 가능한 태그와 설명을 통해 데이터는 더욱 쉽게 검색될 수 있다. 예를 들어, 지식 그래프를 사용하면 데이터 간의 연관성을 강조하여 사용자가 더 빠르고 정확하게 원하는 데이터를 찾을 수 있게 한다.

시맨틱 기술은 데이터 간의 관계를 명확히 정의하고, 이를 기반으로 상호 운용성을 촉진한다. 다양한 시스템과 애플리케이션이 서로 다른 형식으로 데이터를 다루더라도 시맨틱 기술을 통해 정보의 의미가 일관되게 유지되므로, 데이터 재사용이 가능하고 다른 시스템과 쉽게 통합할 수 있다. 예를 들어, C4ISR 시스템에서 여러 센서 데이터를 상호 운용 가능하게 연결하여 실시간 의사 결정을 지원할 수 있다.

시맨틱 기술은 데이터의 품질을 향상시키는 중요한 도구다. FAIR 원칙을 실현하려면 정확하고 풍부한 메타데이터가 필요하며, 시맨틱 기술은 이 메타데이터를 구조화하여 데이터의 가시성과 활용도를 높인다. 특히, 의미론적 메타데이터와 온톨로지를 사용하면 데이터가 다양한 시스템 간에 호환성을 유지하면서도 쉽게 찾고, 접근하고, 활용할 수 있는 상태로 만들어진다.

참고문헌

김은지(2019). FAIR 데이터 원칙과 시맨틱 기술을 통한 데이터 상호 운용성 향상. ≪정보과학회지≫, 50권 4호, 312~318.

이승철·김연수(2020). 시맨틱 기술의 FAIR 데이터 원칙 적용 사례. ≪한국데이터베이스학회지≫, 31권 3호, 59~65.

이재원·김혜영(2018). 시맨틱 웹을 활용한 메타데이터 관리 방안. 한국정보과학회 학술대회 자료집, 123~128.

정경희·박명철(2018). 시맨틱 웹 기반의 메타데이터 관리와 데이터 재사용성 증대. ≪정보시스템 연구≫, 27권 2호, 221~229.

Bizer, C., Heath, T., & Berners-Lee, T.(2009). Linked data – The story so far. *International Journal on Semantic Web and Information Systems, 5*(3), 1~22.

Casanova, M. A., & Cardenas, R.(2013). The role of metadata in semantic data integration. *International Journal of Metadata, Semantics and Ontologies, 8*(1), 54~67.

Gomez-Perez, A., & Fernandez-Lopez, M.(2004). *Ontological engineering: With examples from the areas of knowledge management, e-commerce, and the semantic web.* Springer.

Hendler, J., & Berners-Lee, T.(2007). From semantic web to linked data. *IEEE Internet Computing, 11*(6), 9~11.

06
전통적 검색과 시맨틱 기반 검색+탐색

전통적인 검색 방식은 주로 키워드 기반으로 데이터를 검색하는데, 시맨틱 기반 검색은 데이터의 의미를 이해하고 이를 기반으로 더 정확한 검색 결과를 제공한다. 전통적인 검색은 단어 일치에 의존하여 검색 결과의 정확도가 낮을 수 있지만, 시맨틱 검색은 문맥과 의미를 분석하여 사용자가 원하는 정보를 더 정확하게 찾을 수 있다. 의미 기반 검색은 사용자의 의도와 연관된 정보를 추출하여 더 정교하고 효율적인 결과를 제공한다.

AI와 야구?

메타데이터의 이해

메타데이터에는 세 가지 본질적 힘이 있다. 같은 것을 다르게 보는 힘, 의미 있게 묶는 힘, 같은 것을 연결하는 힘이다.

메타데이터를 흔히 '데이터에 대한 데이터'라고 정의한다. 물론 틀린 말은 아니다. 하지만 이를 단순히 정보의 설명 수준에서 이해하는 것은 메타데이터의 핵심적인 잠재력을 간과하는 것이다. 'aboutness(데이터를 설명하거나 분류하는 관점)'를 넘어, 메타데이터는 전술한 바와 같이 'things'에 대해 구체적 'action'을 수행할 수 있게 만드는 데이터로 정의할 수 있다. 여기서 중요한 것은 메타데이터가 단순히 데이터를 수동적으로 설명하는 것이 아니라, 실제 행동(행동을 유발하거나 가능하게 하는)을 일으킬 수 있는 실질적 역할을 한다는 점이다.

메타데이터를 'action' 중심으로 정의해 보자. 메타데이터는 단순히 데이터를 설명하는 것이 아니라, 그 데이터를 기반으로 특정 작업을 수행하거나 결정할 수 있게 만드는 데이터다. 이는 데이터를 조직화하거나 접근 가능하게 만들 뿐 아니라 자동화된 시스템, 인간-기계 상호 작용, 구체적 실행 과정에서 행동(trigger actions)을 가능하게 한다. 메타데이터가 'action'을 만드는 실제 사례를 살펴보자.

스마트 홈 자동화

• 메타데이터의 역할: 스마트 기기의 상태, 위치, 시간, 환경 조건 등

• 'action' 예시 1: 마트 조명 시스템에서 조명 기기와 관련된 메타데이터(예: 위치, 시간대, 사용자 선호 밝기 설정)를 통해 자동으로 조명을 켜거나 끔

• 'action' 예시 2: 사용자가 집에 도착했을 때, 위치 기반 메타데이터(GPS 좌표)와 시간 정보가 연동되어 온도를 조정하고, 음악 재생을 시작함

• 핵심: 메타데이터는 기기가 단순히 연결된 데이터를 처리하는 것을 넘어, 실제 환경에서 반응을 만들어 냄

온라인 스트리밍 서비스 추천 시스템(넷플릭스, 스포티파이 등)

• 메타데이터의 역할: 콘텐츠의 장르, 배우, 감독, 사용자 시청 기록 및 선호 태그

• 'action' 예시 1: 특정 사용자의 시청 기록과 태그 메타데이터를 분석하여 맞춤형 추천 콘텐츠 생성

• 'action' 예시 2: 사용자가 특정 영화를 끝까지 시청하지 않았을 경우, 메타데이터('시청 중단 시간')를 기반으

로 재시작 버튼을 표시

• 핵심: 메타데이터는 사용자의 경험을 개인화할 뿐만 아니라, 사용자가 다시 콘텐츠를 소비하게 만드는 행동을 유발

전자상거래 플랫폼의 재고 및 배송 관리

• 메타데이터의 역할: 제품의 재고 수량, 창고 위치, 예상 배송 시간, 배송 상태

• 'action' 예시 1: 재고가 임계점 이하로 떨어질 경우, 메타데이터('현재 재고 상태' 및 '임곗값')를 기반으로 공급사에 주문 자동 요청

• 'action' 예시 2: 고객이 상품을 구매하면 메타데이터('배송 상태' 및 '경로 정보')를 추적해 실시간 배송 업데이트 제공

• 'action' 예시 3: 특정 지역에서 주문량 증가 시, 메타데이터를 바탕으로 창고에서 제품 재배치를 트리거

• 핵심: 메타데이터는 단순한 상품 설명이 아니라 공급망 자동화 및 최적화 작업을 가능하게 만듦

의료 데이터의 활용(스마트 헬스케어)

• 메타데이터의 역할: 환자의 바이털 사인 데이터(심박

수, 혈압, 산소포화도), 약물 투여 기록, 병력 정보

- 'action' 예시 1: 환자의 심박수가 비정상적으로 상승했을 경우, 메타데이터('정상 범위' 및 '측정 시간')를 기반으로 의료진에게 긴급 알림 전송
- 'action' 예시 2: 병원 내 IoT 장비가 실시간으로 환자의 상태 데이터를 분석하여, 약물 투여 시점 자동 조정
- 핵심: 메타데이터는 단순 기록의 역할을 넘어, 환자의 생명을 구하기 위한 자동화된 반응을 트리거

검색 엔진 및 지식 그래프(Google Knowledge Graph)

- 메타데이터의 역할: 웹 페이지의 키워드, 제목, 사용자 관심사, 콘텐츠 관계 정보
- 'action' 예시 1: 사용자가 특정 검색어를 입력하면, 메타데이터를 활용하여 검색 결과를 개인화(예: '현재 위치' 기반으로 가장 가까운 서비스 표시)
- 'action' 예시 2: 질문형 검색('테슬라의 최고경영자가 누구야?')에 대해 메타데이터를 기반으로 지식 그래프에서 연관 정보를 추출해 즉시 답변 제공
- 핵심: 메타데이터는 검색 결과를 단순히 나열하는 것을 넘어, 사용자의 질문에 즉각적인 실행 가능한 정보를 제공

도서관 및 아카이브 시스템(시맨틱 웹 활용)

- 메타데이터의 역할: 도서의 저자, 주제, 출판 연도, 태그, 추천 연관성.
- 'action' 예시 1: 사용자가 특정 주제(예: '시맨틱 웹')를 검색하면 메타데이터('태그' 및 '관련성')를 기반으로 가장 관련성 높은 자료 자동 추천
- 'action' 예시 2: 연구자가 논문을 제출할 때, 메타데이터를 기반으로 관련 논문이나 참고 자료를 자동으로 제공
- 핵심: 메타데이터는 단순 정보 분류가 아니라, 사용자의 탐색 경험을 능동적으로 지원

메타데이터의 새로운 정의

메타데이터는 더 이상 단순히 데이터를 설명하는 '데이터에 대한 데이터'로 정의할 수 없다. 메타데이터는 행동을 유발하는 데이터(actionable data)로 정의되며, 기계와 인간의 작업 과정에서 중요한 의사 결정을 자동화하거나 트리거하는 역할을 한다. 이는 AI, IoT, 헬스케어, 전자상거래 등 다양한 분야에서 현실적인 행동(action)을 만들어 내는 기술적 핵심으로 자리 잡고 있다.

전통적 검색 방식의 한계

앞서 설명한 메타데이터에 대한 새로운 시각을 중심으로 검색 및 탐색이라는 주제를 살펴보자. 전통적인 검색은 키워드 매칭에 의존한다. 사용자가 입력한 단어와 정확히 일치하는 결과만 반환되기 때문에, 동의어나 문맥을 무시한다. 예를 들어, '차량'을 검색했을 때 '자동차'나 '운전'과 관련된 내용은 검색되지 않을 수 있다. 전통적인 검색 방식의 한계에 대한 다양한 예시는 다음과 같다.

동의어 문제

• 예시: 사용자가 '의료 기기'를 검색했을 때, '헬스케어 기기'나 '의료 장비'와 같은 관련 용어는 검색되지 않을 수 있다.

• 문제: 전통적인 키워드 매칭 검색은 정확히 일치하는 단어만을 검색하므로, 같은 의미의 단어들이 검색에 포함되지 않는다.

문맥 무시

• 예시: '비행기 사고'를 검색했을 때, '항공기 충돌'이나 '항공 사고'와 관련된 정보는 포함되지 않을 수 있다.

• 문제: 검색 시스템은 단순히 입력된 키워드와 일치하

는 결과만을 반환하므로, 문맥적으로 비슷한 개념을 포함한 결과를 놓칠 수 있다.

복합어 처리 문제

• 예시: 사용자가 '자율주행차 기술'을 검색했을 때 '자율주행'이나 '스마트카'와 같은 관련 기술이 검색되지 않을 수 있다.

• 문제: 복합어 또는 긴 문구로 이루어진 검색어는 부분적인 일치를 찾는 데 제한이 있어, 검색 결과가 제한적이거나 불완전할 수 있다.

다양한 언어와 표현 방식

• 예시: '도서관에서 책을 찾다'와 '도서관 이용'을 검색했을 때, 전통적 검색은 두 문장이 서로 다른 검색 결과를 낳을 수 있다. '도서관'을 다르게 표현한 경우도 마찬가지다.

• 문제: 같은 의미의 다양한 표현이 나타날 수 있지만, 전통적인 검색 방식은 일치하는 키워드만을 찾기 때문에 의미상 비슷한 표현을 놓칠 수 있다.

오타나 잘못된 철자 처리 문제

• 예시: 사용자가 '인터넷'이라고 입력했을 때, 전통적인 검색 방식은 '인터넷'을 찾지 못할 수 있다.

• 문제: 키워드 검색은 정확한 철자와 일치를 요구하므로, 오타가 있는 검색어에 대해 정확한 결과를 제공하지 못할 수 있다.

세부 정보의 누락

• 예시: '개발자 도구'를 검색했을 때, '프로그래밍 툴'이나 '소프트웨어 개발 키트(SDK)'와 같은 관련 도구들이 검색되지 않을 수 있다.

• 문제: 전통적인 검색은 세부적인 항목이나 관련된 내용을 포함하지 않아서, 특정 분야에 관한 포괄적인 정보를 제공하기 어렵다.

이러한 한계들은 시맨틱 기술을 사용한 검색 시스템에서는 문맥, 의미를 분석하여 해결될 수 있다.

시맨틱 기반 검색의 장점과 구현 방법

시맨틱 기반 검색은 데이터 간의 의미적 연결을 분석하여 더 정확한 결과를 제공한다. 자연어 처리(NLP)와 온톨로지를 사용해 문장의 맥락을 이해하고, 동의어나 관련 개념까지 고려하여 사용자가 찾고자 하는 정보를 효율적으로 제공한다. 예를 들어, '차량'을 검색하면 '자동차', '버스', '기차' 등 관련 교통수단의 정보를 포함한 결과가 나올 수 있다. 시맨틱 기반 검색의 실용적인 예를 좀 더 자세히 들면 다음과 같다.

의료 분야

- 예시: 사용자가 '심장병'을 검색하면 '심근경색', '협심증', '심부전' 등 관련된 질병과 그 치료법, 예방 방법까지 포함된 정보를 제공할 수 있다.
- 시맨틱 기술: 의료 온톨로지를 활용해 질병의 종류, 증상, 치료법 등의 관련 개념을 연결하여, 사용자가 정확한 정보를 찾을 수 있도록 돕는다.

법률 분야

- 예시: 사용자가 '상속법'을 검색했을 때, '유언장', '재산 분배', '상속인' 등의 관련된 법률 용어와 사례들이 함께 검색된다.
- 시맨틱 기술: 법률 온톨로지를 이용하여 법적 용어, 사례, 법적 관계를 연결하여 사용자가 구체적인 상황에

맞는 법률 정보를 제공받을 수 있다.

음악 추천 시스템

• 예시: 사용자가 '록 음악'을 검색하면 '인디 록', '클래식 록', '대중적인 록 밴드'와 같은 세부 장르 및 밴드들이 검색된다.

• 시맨틱 기술: 음악 장르와 밴드 사이의 관계를 분석하고, 사용자가 선호할 수 있는 다양한 관련 콘텐츠를 제공하는 데 도움을 준다.

영화 추천

• 예시: 사용자가 '액션 영화'를 검색하면 'SF 액션', '슈퍼히어로 영화', '전쟁 영화' 등 관련된 액션 장르의 다양한 영화를 추천한다.

• 시맨틱 기술: 영화 장르와 관련된 테마, 배우, 감독과 같은 요소를 의미적으로 연결하여 보다 정교한 추천 결과를 제공한다.

전자상거래

• 예시: 사용자가 '스마트폰'을 검색했을 때, '스마트폰 액세서리', '스마트폰 비교', '스마트폰 수리'와 관련된 정

보도 함께 제공된다.

• 시맨틱 기술: 제품 간의 관계를 이해하고, 사용자가 필요로 할 수 있는 액세서리, 서비스, 비교 정보를 연결하여 더 나은 쇼핑 경험을 제공한다.

지식 베이스 탐색

• 예시: 사용자가 'AI 알고리즘'을 검색하면 '기계 학습', '딥 러닝', '인공지능의 역사'와 관련된 개념을 포함한 정보가 나올 수 있다.

• 시맨틱 기술: AI 관련 용어와 개념들을 연결하여 사용자가 하나의 주제에 대해 더 깊이 있는 학습을 할 수 있도록 돕는다.

학술 논문 검색

• 예시: 사용자가 '기후 변화'를 검색하면 '온실가스', '지구 온난화', '탄소 배출' 등의 관련 논문과 연구를 추천한다.

• 시맨틱 기술: 주제와 키워드를 넘어 연구 결과, 이론 및 관점의 관계를 기반으로 보다 넓은 범위에서 정보를 제공한다.

교통 및 내비게이션

• 예시: 사용자가 '서울에서 부산까지'를 검색하면 '기차', '버스', '비행기', '자동차'와 함께 교통수단에 대한 다양한 옵션을 제시한다.

• 시맨틱 기술: 출발지와 도착지 간의 교통수단을 의미적으로 분석하여 사용자가 여러 가지 교통 방법을 비교하고 선택할 수 있도록 한다.

소셜 미디어 검색

• 예시: 사용자가 '여행'을 검색하면 '휴양지', '국내 여행', '여행 팁' 등 다양한 관련 콘텐츠가 나올 수 있다.

• 시맨틱 기술: 사용자 관심사, 태그, 트렌드 등을 기반으로 관련된 게시물이나 정보를 추천하고, 특정 주제와 관련된 더 많은 대화를 찾을 수 있도록 돕는다.

고객 서비스 및 지원

• 예시: 고객이 '결제 오류'를 검색하면 '환불 절차', '결제 수단 변경', '문제 해결 가이드'와 같은 관련된 지원 정보가 제공된다.

• 시맨틱 기술: 고객 문의와 지원 문서 간의 관계를 이해하고, 빠르고 정확한 해결책을 제공할 수 있도록 돕는다.

이와 같이 시맨틱 기술을 활용하면, 단순한 키워드 검색을 넘어 관련 개념, 문맥, 의도까지 파악하여, 사용자가 원하는 정보에 빠르고 정확하게 접근할 수 있다.

관계형 패싯 네비게이션과 시맨틱 프라이밍

이제 검색의 차원을 넘어 우리가 쉽게 간과하는 탐색을 시맨틱 기술과 함께 살펴볼 필요가 있다. 탐색에서 중요하게 다룰 수 있는 관계형 패싯 네비게이션과 시맨틱 프라이밍은 개념적으로 유사한 점이 있지만, 그 목적과 방식에서 중요한 차이가 있다.

관계형 패싯 네비게이션은 사용자가 데이터를 분류하고 탐색할 수 있도록 돕는 방식이다. 이는 정보를 카테고리별로 필터링할 수 있게 하여, 예를 들어 상품을 선택할 때 가격, 색상, 브랜드 등과 같은 속성에 기반하여 원하는 결과를 찾을 수 있게 한다. 이 방식은 데이터의 속성이나 범주를 중심으로 탐색을 돕는 기능에 초점을 맞춘다. UX 디자인이 잘되어 있는 인터넷 쇼핑몰에서는 분류와 필터링의 힘을 느낄 수 있는데, 이것도 메타데이터를 기계가 행동으로 유발할 수 있게 활용한 덕택이다.

패싯 네비게이션을 잘 활용하면 정제 및 확장(Refine, Enlargement)이 가능하다. 부분과 부분의 다양한 조합을 새롭게 시도하면 기존에는 전혀 보이지 않았던 부분들이 나타나기 시작한다.

반면, 시맨틱 프라이밍은 언어학적 · 심리학적 개념으로, 특정 단어나 개념이 다른 관련 개념을 자동으로 활성화하는 현상이다. 이 과정은 사용자가 특정 개념을 접한 후, 그와 관련된 다른 개념들을 무의식적으로 떠올리는 것과 유사하다. 시맨틱 프라이밍은 정보 검색 시스템에서 사용자가 특정 단어를 검색하면 그 단어와 의미적으로 연결된 다른 정보들을 자동으로 제시하는 방식으로 적용할 수 있다.

두 방식은 모두 정보 탐색에서 사용자가 원하는 정보를 더 직관적으로 찾을 수 있도록 돕는다는 점에서 유사하다. 그러나 관계형 패싯 네비게이션은 명시적인 필터링을 통해 사용자가 기준을 설정하고 그에 맞는 결과를 찾을 수 있도록 돕는 방식인 반면, 시맨틱 프라이밍은 개념 간의 의미적 관계를 활용하여 정보 탐색을 자연스럽게 촉진하는 방식이다. 즉, 관계형 패싯 네비게이션은 주로 정보의 속성과 속성 간 관계를 강조하고, 시맨틱 프라이밍은 개념 간의 의미적 연결을 통한 탐색을 촉진한다.

따라서 두 방식은 정보 검색에서 정보 간 관계를 다룬다는 점에서 공통점이 있지만, 적용 방식과 사용자 경험

측면에서 차이를 보인다.

기존의 'string' 기반 검색과 시맨틱 기술을 활용한 검색과 탐색은 본질적으로 질이 다르다는 점을 재강조했다. 전통적인 검색 방식은 주로 키워드 일치에 의존하여 데이터를 검색하는 반면, 시맨틱 기반 검색은 데이터의 의미를 이해하고 이를 바탕으로 더 정확하고 정교한 결과를 제공한다. 전통적인 방식은 단순한 단어 일치에 의존하기 때문에 검색 결과의 정확도가 제한적일 수 있지만, 시맨틱 검색은 문맥과 의미를 분석하여 사용자가 실제로 원하는 정보를 더 잘 찾아낸다. 즉, 시맨틱 검색은 단순히 키워드를 나열하는 것이 아니라 사용자의 의도와 관련된 의미를 추출하여, 보다 효율적이고 정밀한 탐색을 가능하게 한다.

참고문헌

박상철·김연수(2019). 시맨틱 기반 검색 기술의 발전과 적용. ≪정보과학회지≫, 48권 4호, 105~113.

이상훈·김혜영(2017). 시맨틱 웹과 검색 엔진의 진화. 한국정보과학회 학술대회 자료집, 102~107.

정영수·이재원(2017). 전통적 검색과 시맨틱 검색 기술 비교 분석. ≪정보시스템 연구≫ 26권 3호, 45~52.

홍성완·오주영(2020). 의미 기반 검색 시스템의 설계 및 구현. ≪정보처리학회 논문지≫, 28권 6호, 72~78.

Berners-Lee, T., Fischetti, M., & Masinter, L.(2001). The semantic web. *Scientific American, 284*(5), 34~43.

Cimiano, P., & Staab, S.(2009). Ontologies and information retrieval. In S. Staab & R. Studer (Eds.), *Handbook on ontologies*(pp. 329~344). Springer.

Gao, Y., & Liu, X.(2018). Keyword-based information retrieval vs. semantic search: Challenges and opportunities. *Journal of Information Science, 44*(3), 356~365.

Hernandez, S., & Perez, J. L.(2011). Semantic search technologies: An overview. *International Journal on Semantic Web and Information Systems, 7*(4), 1~18.

Zeng, D., & Callan, J.(2011). Semantic search: A survey of techniques. *Foundations and Trends in Information Retrieval, 5*(5), 185~220.

07
온톨로지 학습과 인공지능

온톨로지 학습과 AI의 결합은 AI의 학습 과정을 개선하고, 더 정교하고 체계적인 지식 체계를 구축하는 데 중요한 역할을 한다. 온톨로지는 특정 도메인에 대한 개념과 그 관계를 구조적으로 정의하며, 이는 AI가 데이터를 더 잘 이해하고 추론할 수 있게 돕는다. AI는 온톨로지를 바탕으로 새로운 지식과 패턴을 학습하고, 더 효과적인 의사 결정을 내리기 위한 기반을 마련한다. 이와 관련된 최신 연구에서는 온톨로지 기반의 AI 시스템이 복잡한 데이터 구조와 상호 작용을 처리하는 데 중요한 역할을 한다는 점이 강조된다.

AI와 윤동주?

온톨로지와 AI의 상호 작용: 지식 체계 구축

인간이 현실 세계를 바라보는 어떤 영역에서 존재하는 지식의 체계를 인간이 이해하는 방식으로 먼저 개념화해서 그 개념의 타입이나 공리나 제약조건 등을 기계 실행 가능 메타데이터(Machine Actionable Metadata)를 활용해서 컴퓨터 시스템 또는 애플리케이션도 이해하고 스스로 행동할 수 있게 명시적이고 명확하게 정의하려는 시도가 바로 온톨로지다. 이것은 합의되고 공유된 지식으로 재사용이 가능하며, 정보의 상호 운용성을 위한 표준 역할도 하게 된다.

온톨로지는 단순히 개별 데이터를 나열하는 것이 아니라, 데이터를 하나의 집합적 총체로 엮는 도구다. 온톨로지는 개념과 관계를 정의하고, 이를 지식 그래프로 확장해 의미와 연결성을 시각적으로 표현한다.

온톨로지가 잘 이루어질수록 인공지능은 발달하고 기계가 자동으로 처리할 수 있는 일은 많아진다. 많은 일을 스스로 판단하고 행동하는 것이 인공지능 프로그램이 잘하는 일이다. 가령 고객 A의 속성이 '아버지'이면 남자 화장품을 추천하고 사용한 어휘에 따라 각각 다른 첫 페이지를 추천하는 아마존도 이런 기술을 잘 활용한다고 볼 수 있다.

온톨로지는 AI가 실제 세상의 지식과 개념을 이해할 수 있도록 도와주는 도구다. AI가 학습하는 데이터는 대개 단순한 숫자나 텍스트로 제공되지만, 온톨로지의 구조화된 개념과 관계를 통해 이 데이터를 의미 있게 해석할 수 있다. 예를 들어, AI가 의료 분야에서 환자 데이터를 분석할 때 의료 온톨로지를 활용하면 AI는 질병, 증상, 치료법 간의 관계를 이해하고 이를 바탕으로 더 정교한 예측을 할 수 있다.

온톨로지가 AI 학습에서 중요한 이유는 추론 능력을 향상시킬 수 있기 때문이다. AI는 데이터를 기반으로 패턴을 학습하지만, 온톨로지는 이 데이터를 의미적으로 해석하여, AI가 보다 깊은 이해를 바탕으로 의사 결정을 내릴 수 있게 만든다. AI가 온톨로지의 정의와 규칙을 학습하면 자동화된 의사 결정 시스템, 추천 시스템, 자율 시스템 등에서 보다 높은 정확도와 신뢰성을 제공할 수 있다.

최신 연구와 응용 사례: 온톨로지 기반 AI

온톨로지 기반 AI가 다양한 분야에서 어떻게 활용되고 있는지에 대한 연구 사례가 증가하고 있다. 예를 들어, 자율주행차 분야에서는 온톨로지를 활용하여 차량이 도로 상황과 주변 환경을 이해하도록 돕는다. 자율주행차는 도로 표지판, 신호등, 보행자, 다른 차량과의 관계를 온톨로지로 구조화하여 이들을 정확히 인식하고 올바른 의사 결정을 내릴 수 있다.

의료 인공지능 분야에서의 응용도 두드러진다. 의료 온톨로지를 활용하여 AI가 질병의 진단, 치료법을 제시하거나 환자의 건강 상태를 모니터링하는 데 중요한 역할을 한다. 최신 연구에서는 AI가 의료 데이터를 통해 질병의 조기 경고를 제공하거나, 맞춤형 치료 계획을 제시할 수 있도록 온톨로지가 AI의 의사 결정 과정에서 중요한 정보를 제공하는 역할을 한다.

기계 학습(machine learning)과 딥 러닝(deep learning)의 발전에 따라, 온톨로지를 기반으로 한 AI의 학습 능력은 점차 향상되고 있다. 온톨로지는 특히 다양한 데이터 출처를 통합하고, 데이터 간의 상호 관계를 추론하는 데 중요한 역할을 한다. 이는 AI가 단순한 데이터 분석을 넘어, 인간의 지식과 비슷한 수준의 복잡한 추론을 할 수 있게 만든다.

온톨로지 러닝

온톨로지 러닝이란 컴퓨터에 데이터를 읽게 해서 자동으

로 개념을 찾아내고 그 개념에 속할 수 있는 용어(terms)를 찾는 등 용어 및 개념 사이의 관계를 찾아보자는 것이다. 시간이 지남에 따라 세상은 인간조차 스스로 무엇인지 모르는 영역을 요구하기 시작했기 때문이다.

인간의 힘으로 우선 시소러스 및 온톨로지를 만들어 놓으면 이것이 하나의 씨앗이 되어 실제 더 많은 데이터베이스, 다양한 포털, 사전, 다른 전거 자료, 다른 시소러스 등에서 원천 데이터를 가져와서 딥 러닝을 시작한다.

결론적으로 온톨로지와 AI의 융합은 AI가 실제 세계의 지식 체계를 보다 정확하게 이해하고, 그에 맞는 의사결정을 내리도록 돕는다. 이를 통해 AI는 단순한 패턴 인식에서 벗어나, 의미 있는 지식을 기반으로 더 고차원적인 문제 해결 능력을 발휘할 수 있게 된다. 최신 연구와 응용 사례들은 이 기술이 앞으로도 여러 산업 분야에서 중요한 변화를 이끌어 낼 가능성이 있음을 보여 준다.

참고문헌

김승현·박지현(2018). 온톨로지 기반 인공지능 시스템의 구축과 적용. ≪정보처리학회 논문지≫, 27권 4호, 120~126.

김진호·이경주(2021). 온톨로지와 기계학습의 융합을 위한 연구 동향. ≪지능형 정보시스템학회지≫, 20권 1호, 72~80.

송민호·김정환(2019). AI와 온톨로지의 결합을 통한 지식 관리 시스템의 향상. ≪정보과학회지≫, 46권 8호, 115~123.
정은지·이재영(2019). 인공지능과 온톨로지의 융합을 통한 스마트 시스템 개발. ≪컴퓨터 응용과학≫, 25권 2호, 45~53.
Allemang, D.(2024). 온톨로지 과학자를 위한 지식 그래프. DBpia. Retrieved December 27, 2024, from https://www.dbpia.co.kr/journal/articleDetail?nodeId=NODE11028435
Ehrlinger, L., & Wimmer, M.(2016). Ontology learning from text: A survey of methods. *Semantic Web Journal, 7*(5), 1~25.
Garcia-Sanchez, F., & Gomez-Perez, A.(2018). Ontology-based learning for AI systems. *Artificial Intelligence Review, 29*(2), 93~112.
Kang, H., Kim, J., & Lee, Y.(2024). 지식베이스 구축을 위한 한국어 위키피디아의 학습 기반 지식추출. KoreaScience. Retrieved December 27, 2024, from https://koreascience.kr/article/JAKO201913747259355.pdf
Kim, D., Lee, S., & Park, J.(2024). 온톨로지 기반 지식 맵을 활용한 인공지능 학습 진단 서비스 개발. ScienceON. Retrieved December 27, 2024, from https://scienceon.kisti.re.kr/srch/selectPORSrchReport.do?cn=TRKO202100007429
Lee, S., Park, J., & Choi, M.(2024). 이미지 분류를 위한 온톨로지 기반 기계학습 알고리즘 개발. DBpia. Retrieved December 27, 2024, from https://www.dbpia.co.kr/journal/articleDetail?nodeId=NODE06602660
Lim, S. H.(2024). 딥 러닝: 무엇이고, 왜 중요하며, 어떻게 작동할까요? ManuscriptLink Society File. Retrieved December 27, 2024, from

https://manuscriptlink-society-file.s3-ap-northeast-1.amazonaws.com/kips/conference/ack2021/abs/KIPS_C2021B0330.pdf

Noy, N. F., & McGuinness, D. L.(2001). *Ontology development 101: A guide to creating your first ontology.* Stanford University.

Uschold, M., & Gruninger, M.(1997). Ontologies and artificial intelligence. *Knowledge Engineering Review, 12*(2), 1~12.

Zhao, Q., & Yu, P.(2016). Integrating ontologies and machine learning for intelligent information retrieval. *Journal of Artificial Intelligence Research,* 57, 233~267.

08
그래프 구조와 AI 질의응답 시스템

AI 기반 질의응답 시스템은 사용자의 질문에 정확하고 효율적인 답변을 제공하기 위해 다양한 기술을 사용한다. 그중 그래프 구조는 데이터 간 관계를 시각화하고, 이를 통해 더 깊이 있는 질문에 대한 답변을 도출하는 데 중요한 역할을 한다. 그래프 구조는 특히 시맨틱 웹 기술과 결합하여 정보 간의 관계를 명확히 하고, 이를 바탕으로 AI 시스템이 더 나은 의사 결정을 내릴 수 있게 돕는다.

AI와 한의학?

그래프 구조를 활용한 데이터 간 관계 이해

그래프 구조는 데이터의 '노드'와 '엣지'를 활용해 서로 다른 요소 간 관계를 정의한다. 예를 들어 사람, 장소, 사물과 같은 객체를 각각 노드로 간주하고, 그들 간의 관계를 엣지로 나타낼 수 있다. 이런 구조는 데이터를 단순한 목록 형태로 나열하는 것보다 훨씬 더 효율적으로 정보 간의 연관성을 파악할 수 있게 해 준다. AI는 이 관계를 분석하고, 이를 바탕으로 사용자가 제시한 질문에 대해 더욱 정확하고 관련성 높은 답변을 도출한다. 이러한 방식은 특히 복잡한 질문을 처리할 때 강력한 성능을 발휘한다.

그래프 구조는 데이터 간의 관계를 시각적으로 표현함으로써, AI가 더 명확하게 데이터를 이해하고 상호 작용할 수 있게 한다. 전통적인 데이터베이스에서는 각 데이터를 독립적으로 다루기 때문에 데이터 간의 상호 관계를 추론하는 데 한계가 있다. 하지만 그래프 구조에서는 노드와 엣지를 통해 데이터 간의 상관관계를 명확히 할 수 있다. 예를 들어, '사람 A'와 '도시 B'가 연결된 그래프 구조에서 '사람 A'가 '도시 B'를 방문했다는 정보를 쉽게 추론할 수 있다. 이러한 관계를 바탕으로 AI는 단순히 정보를 제공하는 것을 넘어, 상황에 맞는 인사이트나 예측을 제시할 수 있다.

AI는 이러한 관계망을 바탕으로 복잡한 질의를 해석하고, 각 노드 간의 연결을 고려해 더욱 정확한 응답을 생성할 수 있다. 예를 들어, 사용자가 '서울에서 가장 유명한 관광지는 무엇인가?'라는 질문을 했을 때, AI는 서울과 관련된 다양한 관광지 데이터를 그래프에서 찾아 연결하고, 이를 기반으로 가장 유명한 관광지 목록을 제공할 수 있다.

시맨틱 기술을 통한 질의응답 정확도 및 효율성 향상

시맨틱 기술은 질의응답 시스템의 정확도와 효율성을 높이는 데 중요한 역할을 한다. 시맨틱 기술이란 단어의 의미와 그 관계를 분석하고 이를 기반으로 더 나은 답변을 제공하는 기술이다. 자연어 처리(NLP)를 사용하여 사용자의 질문을 의미적으로 분석하고, 그 의미에 맞는 데이터를 그래프에서 추출하는 방식이다. 시맨틱 기술이 적용된 질의응답 시스템은 단순히 키워드 매칭에 의존하지 않는다. 예를 들어, '자동차'라는 키워드가 포함된 질문이 있다면, 시스템은 '차량', '자동차', '교통수단' 등의 유의어를 모두 고려하여 검색한다. 이때 시맨틱 기술은 동의어를 인식하고, 질문의 맥락을 이해해 관련된 답변을 더 정확히 추출할 수 있다. 또한, 사용자가 질문할 때마다 발생하는 다양한 표현을 고려하여 시스템이 더욱 정확한 응답을 제공하는 데 도움을 준다.

시맨틱 기술을 통해 질의응답 시스템은 더 많은 데이터를 처리하면서도 더욱 효율적으로 사용자의 요구를 충족시킬 수 있게 된다. 예를 들어, '최고의 호텔'을 검색했을 때, 시스템은 단순히 키워드만으로 답변을 제공하는 것이 아니라 사용자의 위치, 취향, 예약 상황 등을 고려해 맞춤형 호텔을 추천할 수 있다.

이처럼 그래프 구조와 시맨틱 기술을 결합한 AI 기반 질의응답 시스템은 더욱 정확하고 효율적인 검색 결과를 제공하며, 데이터 간의 관계를 명확히 이해하는 데 중요한 역할을 한다.

참고문헌

김기현·이지영(2020). 시맨틱 웹 기술을 활용한 AI 기반 질의응답 시스템의 개선. ≪정보처리학회 논문지≫, 23권 4호, 63~70.

박현정·김재민(2019). 그래프 기반 AI 질의응답 시스템 개발: 시맨틱 웹을 이용한 정보 검색 최적화. ≪컴퓨터학회지≫, 30권 2호, 102~110.

이민호·박성호(2021). AI 질의응답 시스템의 성능 향상을 위한 그래프 구조 적용 연구. ≪지능형 정보시스템학회지≫, 26권 3호, 56~65.

Bizer, C., & Seaborne, A.(2009). The SPARQL query language for RDF. *International Journal on Semantic Web and Information Systems, 5*(1), 1~21.

Carenini, G., & Moore, J.(2005). Graph-based representation of knowledge for question answering. *AI Communications, 18*(4), 255~271.

Chen, Q., & Wang, Y.(2018). Semantic graphs for question answering: Advancements in graph-based models. *Journal of Knowledge Engineering, 24*(2), 153~170.

Zhou, X., & Chua, T. S.(2016). Using graph structure to enhance AI-based question answering systems. *Journal of Artificial Intelligence Research,* 57, 287~310.

09
CPS와 논리적 접착제로서 시맨틱 기술

사이버-물리 시스템은 물리적인 시스템과 컴퓨터 기반의 시스템이 결합된 복합적인 구조를 가진다. CPS는 센서, 액추에이터, 네트워크와 같은 하드웨어 요소와 이를 제어하는 소프트웨어가 결합해 동작한다. 이러한 시스템은 다양한 분야에서 중요 역할을 하고 있으며 제조업, 스마트 시티, 의료, 교통 관리 등에서 점점 더 많은 사용 사례가 나타나고 있다. 그러나 CPS가 제대로 기능하려면 시스템 간의 원활한 통합과 상호 작용이 필요하다. 이때 중요한 역할을 하는 것이 바로 시맨틱 기술이다.

AI와 화장품?

시맨틱 기술을 통한 CPS의 데이터 통합

시맨틱 기술은 데이터와 시스템 간의 의미를 명확하게 정의하고, 이를 통해 복잡한 데이터와 정보의 상호 작용을 이해하고 최적화하는 역할을 한다. CPS의 복잡한 환경에서는 서로 다른 시스템들이 다양한 데이터와 프로토콜을 사용하기 때문에 이들을 통합하여 일관된 방식으로 처리하는 것이 매우 중요하다. 시맨틱 기술은 이를 가능하게 하는 논리적 접착제 역할을 한다. 즉, 시맨틱 기술을 통해 다양한 시스템 간에 공통된 의미 체계를 구축하고, 서로 다른 시스템들이 원활하게 통합된다. 이로 인해 CPS가 수행하는 다양한 작업에서 발생할 수 있는 오류나 비효율성을 줄이고, 더 나은 성능을 발휘할 수 있게 된다.

CPS는 다양한 데이터 소스에서 실시간 데이터를 수집하고 이를 처리해야 한다. 예를 들어, 스마트 시티 시스템에서 교통 신호등, 도로 상태, 날씨 정보, 차량 위치 등 여러 데이터가 실시간으로 수집된다. 이때 각 데이터는 서로 다른 포맷이나 표준을 가지고 있을 수 있다. 시맨틱 기술을 활용하면 이러한 데이터가 의미적으로 연결되고, 시스템 간의 통합이 원활하게 이루어질 수 있다.

시맨틱 기술은 온톨로지(ontology)와 같은 구조적 기법을 통해 데이터를 정형화하고, 데이터를 공유하는 시스템 간의 의미적인 일치를 보장한다. 예를 들어, '교통신호등'이라는 데이터가 '차량 흐름'과 연관될 수 있다는 것을 명확히 정의하고, 이 데이터를 다른 시스템에서 활용할 수 있도록 하는 것이다. 이를 통해 데이터 간의 의미적 관계를 파악하고, 각기 다른 시스템이 데이터를 공유하고 상호 작용할 수 있는 기반을 마련한다. 결과적으로 시맨틱 기술은 CPS 내에서 다양한 시스템들이 상호 운용될 수 있도록 하는 중요한 역할을 한다.

시맨틱 기술을 통한 CPS의 상호 작용 최적화

CPS는 다양한 물리적 요소와 디지털 시스템 간의 상호 작용을 통해 실시간 결정을 내리고 행동을 취한다. 예를 들어, 스마트 팩토리에서는 로봇, 생산 라인, 재고 관리 시스템 등이 상호 작용하여 효율적으로 생산을 진행한다. 시스템 간 상호 작용은 매우 복잡하고 각 시스템이 사용하는 데이터나 언어가 다를 수 있다. 따라서 이러한 시스템 간 원활한 협력이 이루어지려면 데이터와 행동에 대한 의미적인 해석이 필요하다.

시맨틱 기술은 이 상호 작용을 최적화하는 데 중요한 역할을 한다. 각 시스템 간의 명확한 의미 해석과 데이터

공유를 통해, CPS는 실제 환경에서 발생하는 변화에 실시간으로 대응할 수 있다. 예를 들어, 스마트 그리드 시스템에서는 전력 소비 데이터, 기후 조건, 에너지 생산량 등을 실시간으로 수집하고, 이를 통해 효율적인 에너지 분배를 결정한다. 이때 시맨틱 기술은 다양한 데이터 소스 간의 관계를 정의하고, 시스템들이 데이터를 보다 효과적으로 해석하여 최적의 결정을 내리도록 돕는다.

시맨틱 기술을 활용한 CPS는 자율적이고 적응적인 시스템을 구축하는 데 중요한 역할을 한다. 시스템 간의 의미적 연결을 통해 각 요소가 상황에 맞게 협력할 수 있게 되고, 실시간으로 데이터를 분석하여 적절한 행동을 취할 수 있다. 이로 인해 CPS는 더욱 효율적이고 정확하게 작동하며, 복잡한 환경에서의 의사 결정 과정을 최적화할 수 있다.

CPS와 시맨틱 기술의 융합은 향후 다양한 분야에서 효율성과 정확성을 극대화하는 데 중요한 역할을 할 것이다. 특히, 스마트 시티나 스마트 팩토리와 같은 복잡한 환경에서는 더욱 필수적인 요소로 자리 잡을 것이다.

참고문헌

김기현·이지영(2020). 시맨틱 웹 기술을 활용한 AI 기반 질의응답 시스템의 개선. ≪정보처리학회 논문지≫, 23권 4호, 63~70.
박현정·김재민(2019). 그래프 기반 AI 질의응답 시스템 개발: 시맨틱 웹을 이용한 정보 검색 최적화. ≪컴퓨터학회지≫, 30권 2호, 102~110.
이민호·박성호(2021). AI 질의응답 시스템의 성능 향상을 위한 그래프 구조 적용 연구. ≪지능형 정보시스템학회지≫, 26권 3호, 56~65.
Bizer, C., & Seaborne, A.(2009). The SPARQL query language for RDF. *International Journal on Semantic Web and Information Systems, 5*(1), 1~21.
Carenini, G., & Moore, J.(2005). Graph-based representation of knowledge for question answering. *AI Communications, 18*(4), 255~271.
Chen, Q., & Wang, Y.(2018). Semantic graphs for question answering: Advancements in graph-based models. *Journal of Knowledge Engineering, 24*(2), 153~170.
Zhou, X., & Chua, T. S.(2016). Using graph structure to enhance AI-based question answering systems. *Journal of Artificial Intelligence Research,* 57, 287~310.

10
인공지능 시대의 아카이브: ontoRAG

AI의 발전은 아카이브 시스템의 관리와 활용 방식을 근본적으로 변화시키고 있다. 전통 아카이브 시스템은 주로 대량의 정보를 저장하고, 사용자가 이를 수동적으로 검색할 수 있는 구조였지만, 인공지능과 시맨틱 기술의 융합은 정보의 접근성과 효율성을 극대화하며, 아카이브의 역할을 재정의하고 있다. 시맨틱 기술은 정보의 의미를 이해하고 연결함으로써, 기존 키워드 기반 검색 방식의 한계를 극복하고 정보 간의 관계를 더 명확하게 정의한다. 이에 ontoRAG의 역할은 지대할 것이다.

종교와 AI?

시맨틱 기술을 통한 아카이브 데이터의 의미 기반 관리

전통적인 아카이브 시스템은 데이터를 단순히 파일 형태로 저장하는 데 집중했다. 그러나 시맨틱 기술이 결합된 AI 기반 아카이브는 데이터의 '의미'를 이해하고 관리할 수 있다. 시맨틱 기술은 온톨로지와 같은 개념을 사용하여 데이터의 의미를 정의하고, 이를 바탕으로 정보 간의 관계를 분석한다. 예를 들어, 아카이브에 저장된 의료 기록에서 각 환자의 진단, 치료, 처방 내용이 어떻게 연결되는지 시맨틱 기술을 통해 의미적으로 파악할 수 있다.

이러한 접근법은 단순한 정보 검색을 넘어 관련 데이터를 연결하여 더 깊이 있는 분석을 가능하게 한다. 시맨틱 기술은 데이터 간의 관계를 명확히 하여, 사용자가 원하는 정보가 보다 정확하고 직관적으로 도출될 수 있도록 돕는다. 예를 들어, 특정 질병에 대한 아카이브에서 그와 관련된 연구 자료, 치료 방법, 의학적 통계 등을 자동으로 추출하여 연결할 수 있다. 이는 사용자에게 훨씬 더 많은 가치를 제공하며, 연구나 정책 결정 과정에서 중요한 자료를 효율적으로 찾을 수 있도록 한다.

AI와 시맨틱 기술을 통한 아카이브 접근성과 재사용성 향상

AI와 시맨틱 기술은 아카이브의 접근성 및 재사용성을 크게 향상시킬 수 있다. 기존의 아카이브 시스템에서는 사용자가 원하는 정보를 찾기 위해 많은 시간을 소비할 수밖에 없었다. 키워드 검색에 의존하거나, 주제별로 데이터를 분류하는 방식은 종종 비효율적이다. 그러나 시맨틱 AI 기반의 아카이브 시스템은 정보의 맥락을 이해하고, 관련성을 분석하여 더욱 직관적인 검색 결과를 제공한다.

예를 들어, 사용자가 특정 사건에 대해 질문할 때, 단순히 그 사건에 관련된 문서나 파일만 제공하는 것이 아니라 그 사건과 관련된 배경 정보, 연관된 사건들, 주요 인물 등의 추가적인 정보를 종합적으로 제공할 수 있다. 이렇게 AI는 단순한 데이터 조회를 넘어 사용자에게 더 풍부하고 의미 있는 정보를 제공하며, 필요한 정보의 재사용성을 높인다. 또한 시맨틱 기술은 정보의 표준화와 연결성을 보장하여, 다양한 시스템 간의 상호 운용성을 개선한다. 이로 인해 다양한 데이터 소스에서 온 정보들이 보다 쉽게 통합되고, 새로운 분석이나 연구에 재사용될 수 있다.

미래의 아카이브는 단순한 저장소 역할을 넘어서, 지식 창출의 중요한 기반으로 자리 잡을 것이다. 시맨틱 AI는 이를 통해 아카이브를 진화시키고, 정보의 의미를 보다 정확하게 파악하여, 다양한 분야에서의 효율적인 의사 결정과 혁신적인 발전을 지원하게 될 것이다.

OntoRAG와 미래의 아카이브 시스템

여기에서 1장에서 언급한 기호학과 이 장에서 언급할 RAG(Retrieval-Augmented Generation)를 연계시킬 필요가 있다. RAG 기술의 작동 원리를 설명하면서, 기호학에서 다루는 기호와 의미의 해석 방식이 어떻게 RAG의 검색과 생성 과정에 반영되는지 살펴보자. RAG는 외부에서 검색한 정보와 입력된 텍스트를 결합하여 의미적으로 풍부한 텍스트를 생성하는 기술이다. 예를 들어, RAG 시스템이 의미적 정보를 검색하고 이를 적절한 맥락에 맞춰 생성하는 방식이 기호학적 해석과 어떻게 일치하는지 보여 줄 수 있다.

기호학과 RAG의 연결점 강조

• 기호학에서의 의미 해석: 기호학은 기호와 의미의 관계를 분석하는 학문이다. 이를 통해 의미가 어떻게 형성

되고 전달되는지를 이해하고, 기계가 이러한 의미를 어떻게 처리하고 생성할 수 있는지 탐구할 수 있다.

• RAG의 구현과 기호학: RAG 기술은 외부 데이터를 검색하고, 이를 바탕으로 의미적 생성을 하는 모델이다. 이 과정에서 기호학의 이론이 어떻게 데이터의 의미를 추출하고, 생성하는 데 적용되는지를 구체적으로 다룰 수 있다.

• 기호의 생성: RAG는 단순히 검색된 텍스트를 생성하는 것이 아니라, 그 의미를 새롭게 재구성하여 새로운 기호와 의미를 창출하는 과정이다. 이는 기호학에서 말하는 의미의 창출과 변형과 상응한다.

RAG란

RAG는 기존 대규모 언어 모델(Large Language Model, LLM)의 한계를 극복하기 위해 개발된 혁신적인 자연어 처리 기술이다. '검색 증강 생성'이라고 번역되는 이 기술은 LLM의 생성 능력과 외부 지식 베이스를 결합하여 더욱 정확하고 최신의 정보를 제공한다. RAG의 주요 구성 요소로는 사용자의 질문을 벡터 형식으로 인코딩하는 질의 인코더, 인코딩된 질문을 바탕으로 외부 지식 베이스에서 관련 정보를 검색하는 지식 검색기, 검색된 지식을 활용하여 질문에 대한 답변을 생성하는 언어 모델인 지식 증강 생성기 등이 있다. RAG의 작동 원리는 다음과 같다.

• 검색(Retrieval): 자연어로 된 사용자의 질문을 분석하여 관련 정보를 외부 데이터베이스에서 검색한다.
• 증강(Augmentation):외부 데이터베이스에서 검색된 정보를 LLM의 입력에 통합하거나 삽입하여 활용한다. 외부 데이터를 검색해 언어 모델이 응답을 생성하는 데 활용함으로써, 모델 자체가 학습하지 않은 정보까지 포함할 수 있도록 돕는다. 즉, 증강은 기존 시스템이나 데이터에 새로운 정보를 융합하거나 추가하여 더욱 강력하고 풍부한 결과를 만드는 것을 의미한다.
• 생성(Generation): 증강된 입력을 바탕으로 LLM이 최종 응답을 자연어로 생성한다.

RAG의 장점은 다음과 같다.

• 정보의 최신성: 실시간으로 업데이트되는 외부 데이터베이스를 활용하여 최신 정보를 제공한다.
• 정확성 향상: 직접 관련 전문가적인 정보를 참조하여

LLM의 '환각' 문제를 크게 줄인다.

• 도메인 적응성: 특정 분야의 전문 지식을 쉽게 통합할 수 있다. 바로 여기의 도메인 적응성에 주목할 필요가 있다. 온톨로지 기반으로 만든 ontoRAG라는 표현으로 기존의 AI에 통합되어 검색 기능을 현저히 향상시킨다.

필자가 OntoRAG라 명명한 RAG와 온톨로지의 융합은 인공지능 기반 아카이브 시스템에서 데이터의 의미적 연결과 정보 활용성을 극대화하는 혁신적인 접근법이다. OntoRAG는 RAG 시스템의 장점을 온톨로지의 구조화된 지식 표현 방식과 결합하여, 복잡한 개념 간의 관계를 이해하고 정확한 정보를 제공할 수 있도록 돕는다. 이는 기존 일반 데이터베이스를 활용한 RAG 시스템의 성능을 향상시키며, 전문적인 데이터 관리와 활용에 적합한 미래 아카이브의 기반이 될 수 있다.

온톨로지 기반의 구조화된 데이터와 추론 능력

OntoRAG는 온톨로지를 활용해 데이터의 의미적 구조를 명확히 정의하고, 개념 간의 관계를 체계적으로 표현한다. 추론 능력도 강화된다.

필자가 최근 개발한 ODeX라는 전 세계 방위 산업 무기 · 장비 · 부품 '사이'를 연계하는 국영문 플랫폼을 살펴보자(http://odex.kr).

헬리콥터에는 두 가지 종류가 있다고 가정하고 먼저 'rotary'를 검색창에 입력해 보니, 검색창 아래로 몇 가지 추천 항목이 나열된다. 그중 'Rotary-wing aircraft'를 선택한다. 'KUH-1 Korean Utility Helicopter-Surion'을 클릭하면, 'H-47 CHINOOK', 'AH-64 APACHE' 등 여러 항목이 나타난다. 이 중에서 'KUH-1 Korean Utility Helicopter-Surion'을 선택하면, 다음과 같은 부품들이 나열되는 것을 볼 수 있다.

실링
호스 피팅
De-icing
Hocas 조종간
FLIR SCU

이는 모두 회전익 항공기인 KUH-1 Korean Utility Helicopter-Surion에 사용되는 부품들이다. 여기서 중요한 점은 이 부품들이 KUH-1 Korean Utility Helicopter-Surion 입장에서 우리 장비에 사용된 부품을 나열한 것이 아니라, 부품을 생산하는 공급자 입장에서 입력된 정보라는 것이다. 즉, 시스템의 강력한 기능 중 하나인 추론의 힘을 통해, 이 다섯 가지 부품이 자동으로 연결되어 나타난다는 점이다. 바로 이런 것이 기계 실행 가능한 메타데이터의 힘이요 시맨틱의 추론의 힘이다. 'owl:inverseOf' 라는 시맨틱 표준을 사용하여 그렇게 추론이 되게 만든 것이다.

그중 하나인 'De-icing' 부품을 클릭해 보면, 이 부품이 'Ints Trading Co.'에서 납품되었음을 알 수 있다.

온톨로지로 구조화된 지식은 AI가 단순한 검색 결과를 반환하는 것을 넘어, 사용자의 질문에 대해 더 깊이 있는 답변을 제공할 수 있도록 한다. 예를 들어, 사용자가 '심혈관 질환 예방 방법'을 묻는다면, OntoRAG는 관련 연구 논문, 약물, 생활 습관 변화 등 다양한 데이터를 종합하여 의미 있는 응답을 생성할 수 있다.

환각 현상 감소와 정보 정확성 개선

LLM 기반 시스템에서 자주 발생하는 환각 현상은 잘못된 정보나 근거 없는 답변을 생성하는 문제를 일컫는다. OntoRAG는 온톨로지의 구조화된 지식을 바탕으로 정확한 정보만을 사용하므로 이러한 문제를 크게 줄일 수 있다.

예를 들어, 과학적 논문 데이터베이스를 기반으로 한 아카이브 시스템에서 OntoRAG는 논문 간의 정확한 인용 관계와 맥락을 파악하여 잘못된 인용이나 불확실한 정보를 배제하고, 신뢰도 높은 데이터를 제공한다. 이는 특히 과학적 발견이나 전문 분야에서의 데이터 활용에 매우 유용하다.

미래 아카이브의 방향과 OntoRAG의 역할

OntoRAG는 아카이브를 단순한 데이터 저장소에서 벗어나, 지식의 중심 허브로 전환할 수 있는 기술적 토대를 제공한다. 온톨로지의 정교한 지식 표현과 RAG 시스템의 강력한 정보 검색 및 생성 기능을 결합하여 OntoRAG는 복잡한 전문 분야에서도 정확하고 효율적인 정보 관리와 활용을 가능하게 한다.

예를 들어 역사 아카이브에서는 특정 사건, 인물, 연대 간의 관계를 온톨로지로 구축하고, 사용자의 질의에 따라 이러한 관계를 바탕으로 풍부한 응답을 제공할 수 있다. 이러한 접근법은 교육, 연구, 정책 결정 등 다양한 분야에서 아카이브의 활용 가치를 극대화할 수 있다.

미래의 아카이브 시스템은 OntoRAG를 통해 단순히

데이터를 보존하는 역할을 넘어, 데이터를 분석하고 새로운 지식을 창출하는 데 중요한 도구로 자리 잡을 것이다.

기존의 RAG는 주로 대규모 텍스트 데이터를 검색하고 이를 기반으로 생성하는 방식에 집중했으나, 온톨로지를 통합하면 데이터 간의 의미론적 연결을 강화하고, AI가 더 깊이 있는 정보 추출과 의사 결정을 할 수 있도록 돕는 혁신적인 방법이 된다.

이러한 접근법은 특히 연계 탐색형 아카이브와 같은 시스템에서 매우 유용하다. 온톨로지 기반의 검색 강화는 사용자가 자연어로 질문할 때 그들의 정보 요구를 정확히 이해하고, 그에 맞는 의미 있는 결과를 제공할 수 있는 기반을 마련한다. 이는 전통적인 키워드 기반 검색의 한계를 넘어서고, 정보 간의 관계를 명확히 이해하고 해석할 수 있게 하여 사용자에게 더 직관적이고 효율적인 검색 경험을 제공한다.

온톨로지 기반 검색 강화의 진정한 혜택은 사용자가 자연어로 정보를 요청할 수 있도록 하여, AI가 제공하는 답변이 단순한 키워드 매칭을 넘어서서 의미론적 정확도를 기반으로 한다는 점이다. 이는 복잡한 정보 탐색을 보다 직관적이고 유연하게 만들고, 다양한 분야에서 중요한 정보에 더 빠르고 정확하게 접근할 수 있도록 돕는다. 이러한 시스템을 구축하는 것은 AI와 온톨로지의 융합이 정보 검색을 어떻게 혁신할 수 있는지에 대한 중요한 사례가 될 것이다.

가령, 연계 탐색형을 목적으로 디자인된 온톨로지를 통합하여 만들어진 AI 아카이브는 그 능력이 대단할 것이다. 온톨로지의 체계적인 구조와 상호 연결된 데이터들이 AI 아카이브에 결합될 때, 이 시스템은 단순한 데이터 검색을 넘어 사용자에게 의미 있는 정보를 더 정교하고 효율적으로 제공할 수 있을 것이다.

기호학적 출발에서 인간이 대상을 어떻게 의미화하는지에 대한 이해를 바탕으로 시맨틱 기술을 활용하여 실제적인 시스템을 구현할 수 있다. 구체적으로, 그래프 기반 시스템을 활용한 온톨로지 기반 AI 아카이브는 이용자들의 정보 요구를 차원이 다른 방식으로 제공한다. 이는 기존의 일반 데이터베이스와 제공되는 RAG 시스템과는 다른 방식으로 작동하며, 아카이브 이용자들에게 새로운 큐레이션과 스토리텔링의 경험을 제공함으로써 큰 영향을 미칠 것이다.

참고문헌

김성은·정창섭(2020). 사이버-물리 시스템(CPS) 설계와 구현을 위한 시맨틱 기술의 역할. ≪한국정보기술학회지≫, 19권 4호, 45~59.

박은경·강인구(2021). 스마트 제조 시스템을 위한 사이버-물리 시스템(CPS)과 시맨틱 기술의 결합. ≪산업정보학회 논문지≫, 14권 3호, 133~142.

이병철·장성환(2022). 교통 관리 시스템에서 사이버-물리 시스템의 적용과 시맨틱 기술의 활용. ≪교통기술학회지≫, 22권 2호, 68~75.

He, Q., & Hwang, J.(2017). The integration of semantic web technologies and cyber-physical systems for advanced manufacturing. *Journal of Manufacturing Science and Engineering, 139*(6), 061004.

Liu, C., & Yang, Y.(2017). The role of semantic technologies in cyber-physical systems. *Journal of Engineering Science and Technology, 9*(1), 25~39.

Miorandi, D., & Sicari, S.(2016). Semantic technologies for the Internet of Things and cyber-physical systems. *IEEE Access,* 4, 8902~8912.

Zhou, M., & Liu, X.(2014). Cyber-physical systems: A survey and future directions. *Computers & Industrial Engineering,* 74, 11~25.

조명대

성균관대학교에서 박사 학위를 취득한 시맨틱 기술 및 융합 기술 연구 분야 전문가다. 국토개발연구원에서 연구원으로 경력을 시작한 후 미국 시러큐스대학교와 UCLA에서 컴퓨팅 어시스턴트(Computing Assistant)와 티칭 어시스턴트(Teaching Assistant)로 활동하며 학문적 기반을 다졌다. 이후 성균관대학교와 서울대학교 융합과학기술대학원 등 국내외 주요 대학에서 겸임교수와 연구자로 활동하며 학계와 연구 개발 분야에 기여했다. 특히 서울대학교 차세대융합기술연구원 'Linked Data 연구센터' 센터장으로서 데이터를 활용한 융합 기술 연구를 선도하며, 융합과학기술과 데이터 관리 분야에서 중요한 성과를 거두었다. 한국외국어대학교 정보·기록학과 겸임교수로 재직 중이며, 데이터와 기록학 분야의 교육과 연구를 이어가고 있다. 특히 시맨틱 기반 연계 탐색형 시스템 개발에 집중하고 있다.